Michael Ermann
Verstrickung und Einsicht
Nachdenken über die Psychoanalyse in Deutschland

Michael Ermann

VERSTRICKUNG UND EINSICHT

Nachdenken über die Psychoanalyse in Deutschland

edition diskord

Die Deutsche Bibliothek - CIP-Einheitsaufnahme

Ermann, Michael:
Verstrickung und Einsicht : Nachdenken über die
Psychoanalyse in Deutschland / Michael Ermann. - Tübingen :
Ed. diskord, 1996
ISBN 3-89295-613-8

Umschlaggestaltung unter Verwendung von:
Paul Cézanne, Bäume und Felsen

© 1996 edition diskord, Tübingen
Druck: Fuldaer Verlagsanstalt
ISBN 3-89295-613-8

Inhalt

Für Jürgen, Paul, Uschi, Editha und Wulf-Volker

Vorwort

Dieses Buch beschäftigt sich mit der Gegenwart und Zukunft der Psychoanalyse im Lichte ihrer Vergangenheit und Geschichte. Im Zentrum steht dabei die Frage, welche Spuren die Geschichte der Psychoanalyse unter dem Nationalsozialismus und in der Zeit des Wiederaufbaues im damaligen Nachkriegsdeutschland in der Psychoanalyse der Gegenwart hinterlassen hat. Daneben werde ich die Institutionsgeschichte und den Einfluß des Zeitgeistes auf die Situation der Psychoanalyse behandeln.

Ich schreibe als Psychoanalytiker in der Absicht, im Sinne des psychoanalytischen Denkens die Gegenwart mit der Vergangenheit zu verbinden, um unbewußte Prozesse und Strukturen, insbesondere unbewußte Aspekte der beruflichen Identität als Psychoanalytiker in Deutschland, zu verstehen. Dabei habe ich in keiner Weise den Anspruch eines Geschichtsforschers, sondern ich beziehe mich auf Sekundärquellen, die über die Geschichte der Psychoanalyse in Deutschland erschienen sind, vor allem auf die Bücher von Regine Lockot (1985, 1994), Karen Brecht u.a. (1985) und G. Cocks (1983).

Die Texte beruhen auf Vorträgen, die ich zwischen 1985 und 1996 gehalten habe. In diesen Jahren meines beruflichen Lebens habe ich mich als Vorstandsmitglied und später als Vorsitzender der Deutschen Psychoanalytischen Gesellschaft (DPG) intensiv mit der Gruppendynamik der DPG beschäftigt. Es waren Jahre, in denen die Gesellschaft anfangs durch eine intensive Krise ihres Zusammenhaltes und ihrer Identität ging. Meine Vorträge waren das Ergebnis meines Nachdenkens über diese Krise. Sie sollten andere zum Nachdenken anregen, waren aber auch Versuche, Spannungen zu bewältigen und Kräfte zur Überwindung der Krise zu wecken. Insofern tragen sie deutliche Spuren interner Prozesse der DPG.

Ich habe mich entschlossen, sie dennoch, zunächst vereinzelt in Zeitschriften und Sammelbänden und nun als Buch überarbeitet, zu veröffentlichen, weil ich glaube, daß sie auch außerhalb dieser Fachgesellschaft bedeutsam sind. Zum einen sind nämlich die meisten Psychoanalytiker in Deutschland, die in der Tradition Freuds stehen, in der einen oder anderen Weise von den Institutionsprozessen in der pychoanalytischen Gemeinschaft betroffen, speziell von jenen, die im Zusammenhang mit den Ereignissen im "Dritten Reich" stehen oder ihnen folgten. Darüber hinaus hat die Dynamik der Anpassung und Schuldbewältigung, die das zentrale Thema dieser problematischen Geschichtsepoche der Psychoanalyse in Deutschland bildet, eine grundsätzliche gruppendynamische Bedeutung, die auch abgelöst von der speziellen Situation der DPG Erkenntniswert hat.

Zum anderen habe ich mit diesen Texten eine beeindrukkende Erfahrung gemacht, die ebenfalls über den engeren Rahmen der DPG hinaus nützlich sein kann. Die Erfahrung ist, daß die Beschäftigung mit der Geschichte emotionale Prozesse in Gang gesetzt hat, die nicht nur zu Veränderungen des Geschichtsbildes geführt, sondern auch starke Wirkungen auf persönliche Einstellungen im Hier und Heute, insbesondere auch auf die persönliche Identität als Psychoanalytiker, entfaltet haben. Als Psychoanalytiker hätte mich das an sich nicht erstaunen sollen, doch die konkrete Erfahrung ist noch einmal etwas anderes als das bloße Wissen um die Wirkung der Arbeit an der historischen Vergangenheit.

Natürlich kann eine solche Arbeit, also "Vergangenheitsbewältigung", zu einem selbstquälerischen Ritual werden, ohne daß aus ihr etwas folgt. Meine Erfahrungen in der DPG haben mich aber gelehrt, daß Schweigen und Verschweigen die größere Gefahr sind und einer Verleugnung der Last der Vergangenheit Raum geben. Sie haben mir gezeigt, daß das Hinschauen und Hinfühlen dagegen befreiend wirken und selbst in einer Großgruppe wie einer analytischen Fachgesellschaft Prozesse in Gang setzen kann. Es war beeindruckend zu erleben, wie eine solche Großgruppe in der Lage ist, die Sprach- und Erinnerungslosigkeit zu überwinden und damit der "Unfähigkeit zu trauern" entgegenzuwirken, die Alexander und Margarete Mitscherlich (1967) als mißglückte Bewältigung beschrieben haben. Das Ergebnis einer solchen Entwicklung kann eine zunehmende Lebendigkeit, Wärme und Verantwortlichkeit sein. Es ist zu hoffen, daß sie auch einer "Wiederkehr des Verdrängten" entgegenwirkt.

Diese Erfahrungen in der DPG waren von Erlebnissen und Begegnungen der verschiedensten Art begleitet: Von freundschaftlichem Rat über elterlichen Rückhalt, Anregung und Kritik bis hin zu kränkenden Angriffen und Verletzungen. Im Rückblick waren es aber Jahre eines großen Reichtums. Ich widme dieses Buch daher meinen Kolleginnen und Kollegen im Wahlvorstand der DPG, die mir bei meiner Arbeit als Vorsitzender geholfen und mich wohlwollend begleitet haben.

1 Der Selbstverlust der Psychotherapie und Psychoanalyse unter dem Nationalsozialismus

In Übereinstimmung mit dem wachsenden Geschichtsinteresse in Deutschland seit der Mitte der 70er Jahre entstanden auch im kleinen Bereich der Psychoanalyse Fragen nach der Vergangenheit und der Geschichte. Dabei gelangte die historische Entwicklung der Psychoanalyse und speziell ihrer Institutionen im "Dritten Reich" zunehmend in das Zentrum des Interesses. Entscheidend für dieses wachsende Interesse ist wahrscheinlich gewesen, daß der zeitliche Abstand zu den Ereignissen der jüngeren deutschen Geschichte, verbunden mit Generationswechseln und der sozialen Stimmung in der Zeit nach der "Studentenbewegung", es gestatteten, sich mehr für Fragen nach den Motiven zu öffnen, welche die Psychoanalytiker und die Psychotherapeuten bewegt hatten, sich an die Ideologie des NS-Staates anzupassen und, zumindest bis zu einem gewissen Grad, mit den Nazis zusammenzuarbeiten.

In diesem Kapitel möchte ich die historischen Vorgänge dieser Entwicklung nachzeichnen, die einen Wandel der Psychotherapie und Psychoanalyse unter dem Nationalsozialismus herbeigeführt haben. Dabei wird sich die Frage stellen, ob wir aus der Geschichte Erkenntnisse für das Verständnis der Gegenwart gewinnen und was wir aus dem Versagen von damals lernen können.

Wandlungen der Psychotherapie

Die Psychotherapie ist in Deutschland als breitere Strömung etwa nach 1920 entstanden[1]. Sie war als Gegenströmung zu

---

[1] Zu den historischen Daten vgl. vor allem Lockot (1985) sowie die Übersicht in der Einleitung dieses Buches.

der damals stark von der Hirnanatomie und Vererbungslehre dominierten Psychiatrie intendiert.

1926 fand der erste Psychotherapiekongreß in Baden-Baden statt, 1928 wurde die Allgemeine Ärztliche Gesellschaft für Psychotherapie (AÄGT) unter dem Vorsitz des Psychiaters Ernst Kretschmer gegründet. Besonders J.H. Schultz, der Begründer des Autogenen Trainings, betrieb in diesem neugeschaffenen Rahmen die Einigung der verschiedenen psychotherapeutischen Richtungen, die damals durch die Schulen von Freud, Jung, Adler und Künkel sowie einige weitere tiefenpsychologische Richtungen repräsentiert wurden. Das Ziel war die breite Verankerung eines "aktiven" psychotherapeutischen Ansatzes in der Nervenheilkunde, aber als "kleine Psychotherapie" auch in anderen ärztlichen Disziplinen. Wenn man der Darstellung von Prinzhorn (vgl. Lockot 1985) folgt, dann war die psychoanalytische Orientierung eine stillschweigende Grundvoraussetzung der damaligen Psychotherapie.

So kann man verallgemeinernd sagen, daß diese noch in der Entwicklung befindliche Psychotherapie mit Hitlers "Machtergreifung" in ein Spannungsfeld zwischen dem Menschenbild der Psychoanalyse und der nationalsozialistischen Ideologie geriet. Auf der einen Seite Freud (1919), der den Einzelnen "zur Befreiung und Vollendung seines Wesens" (S. 190) verhelfen wollte, auf der anderen der Nationalsozialismus mit seinen "völkischen" Gemeinschaftsideen. Die Bewegungen, die in diesem Spannungsfeld folgten, lassen sich auf einer institutionellen und auf einer Inhaltsebene beschreiben.

Institutionell reagierte die AÄGP auf die Machtübernahme der Nazis mit der Auflösung des Vorstandes, in dem z.B. Kronfeld, ein jüdischer Psychotherapeut, Mitglied gewesen war. Sie plante die Übernahme des Vorsitzes durch Mathias H. Göring, der ein Psychotherapeut mit individualpsychologischer Orientierung war und als Mitglied der NSDAP und Vetter des späteren Reichmarschalls Hermann Görung zunehmend Einfluß gewann. Dieser Plan führte innerhalb der AÄGP zu internen Auseinandersetzungen: Der Vorsitzende Kretschmer lehnte eine Annäherung der Gesellschaft an den

Nationalsozialismus strikt ab. Als er sich nicht durchsetzen konnte, gab er den Vorsitz der AÄGP auf und strebte die Einrichtung einer Sektion für Psychotherapeuten innerhalb der Psychiatriegesellschaft an. Seine Gegenspieler konzipierten dagegen die Neugründung der AÄGP als *Deutsche* Allgemeine Ärztliche Gesellschaft (DAÄGP). Sie sollte "dem Leitgedanken der nationalen Regierung genau entsprechen können" (Lockot 1985, S. 61). Diese DAÄGP wurde im September 1933 gegründet. Göring wurde ihr Vorsitzender.

"Diese Gesellschaft hat den Willen und die Aufgabe," hieß es in der Gründungserklärung, "unter bedingungsloser Treue zu dem Führer des deutschen Volkes, Adolf Hitler, diejenigen deutschen Ärzte zusammenzufassen, die willig sind, im Sinne der nationalsozialistischen Weltanschauung eine seelenärztliche Heilkunst auszubilden. ... Sie hofft, ... eine besondere deutsche Seelenheilkunde schaffen zu können, die nach dem Gedanken des Volkskanzlers auf eine heroische und opferwillige Gesinnung hinzielt" (zit.n. Lockot 1985, S. 62). Damit war die organisatorische und inhaltliche "Gleichschaltung" der Psychotherapie schon neun Monate nach Hitlers Machtübernahme besiegelt.

Die erwähnte "deutsche Seelenheilkunde" war das geistige Resultat der Anpassung der Psychotherapie an den NS-Staat, die Bewegung auf der Inhaltsebene. Es handelt sich um eine Lehre, die sich durch eine politisch-ideologische Zweckbestimmung und Sprache auszeichnete, im übrigen aber durch einen Mangel an eigener wissenschaftlicher Substanz. Das war wahrscheinlich der Grund, weshalb sie sich polemisch gegenüber anderen Richtungen abgrenzte, und zwar speziell gegenüber der Psychoanalyse, deren Methodik sie weitgehend übernommen hatte. Dafür beispielhaft sind die Ausführungen von Hattingberg (1943, zit. n. Lockot 1985) vor der Kaiser-Wilhelm-Gesellschaft: Die Psychoanalyse beschränke sich nicht nur darauf, seelische Gleichgewichtsstörungen, die durch Traumata entstanden seien, zu beheben, sondern sie habe die Lehre vom Unbewußten entwickelt und eine systematisch ausgebaute Auffassung vom Bau der Funktion des Seelenlebens überhaupt. Es genüge nicht, die Sexualität als "jüdische Lehre" abzutun, der richtige Kern der Psychoanalyse müsse herausgeschält werden. Dazu gehöre insbesondere die Trieblehre und der Entwicklungsgedanke der Neurosen.

Die politische und ideologische Zielsetzung aber ist die eigentliche inhaltliche Konzession der Psychotherapeuten an den NS-Staat. In einem Sonderheft des "Zentralblatts für Psychotherapie", dem Organ der AÄGP, stellte Göring (1934) ihren Beitrag zum "Aufbau des neuen Reiches" (S. 7) in zehn Aufsätzen zusammen. Sie stammten aus der Feder von führenden Psychotherapeuten wie Heyer, Kranefeld, Künkel, Schultz, Schultz-Hencke und anderen. Das Besondere an diesem Dokument ist die Tatsache, daß es im NS-Staat überhaupt für eine Psychotherapie Raum gab, d.h. für gedankliche und für praktische Möglichkeiten, Menschen durch psychologische Beeinflussung zu verändern. Erstaunlich ist diese Tatsache deshalb, weil jedes psychotherapeutische Konzept per se doch schon einen Widerspruch zur Rassenideologie der Nazis darstellte (Brockhaus 1987).

So entsteht die Frage, warum die Nazis mit den Psychotherapeuten und warum die Psychotherapeuten mit den Nazis paktierten.

Ich folge hier der für mich überzeugenden Argumentation von Cocks (1983, 1985). Er sieht als wesentliches Motiv des NS-Staates eine "massive Besorgtheit um die seelische 'Volksgesundheit'" und dabei eine "gebührend arisierte Psychotherapie ... als ein wichtiges Mittel, um die Loyalität und Produktivität des deutschen Volkes sicherzustellen" (1983, S. 1068). Als Belege für diese Thesen kann man die Aufgaben und Zielsetzungen betrachten, die die Schriften der "deutschen Seelenheilkunde" dokumentierten - von der "Erziehung der Menschen, deren Behandlung erbbiologisch sinnvoll erscheint, zu wahrem Gemeinschaftsgefühl und zu Autoritätsglaube" (Göring) bis hin zur "Tüchtigkeit als psychotherapeutisches Ziel" (Schultz-Hencke)[2].

Diese Intention der "deutschen Seelenheilkunde" äußert sich auch zehn Jahre später, als von Hattingberg vor der Kaiser-Wilhelm-Gesellschaft sagte, der Arzt müsse dem Menschen den Glauben an den Sinn des Lebens und die Verbindung zur höheren Welt der Werte vermitteln. Nur so könne die alte individualistische Psychotherapie durch eine Psychotherapie ersetzt werden, die dem Kranken das Bewußtsein vermittele, eingegliedert und eingebunden zu sein in die große Schicksalsgemeinschaft des deutschen Volkes (1943, zit.n. Lockot 1985).

Als Motiv der Psychotherapeuten für ihre Zugeständnisse an den NS-Staat erscheint mir mit Cocks (1985) als das Wesentliche die Chance, sich unter dem Schutz von Göring gegenüber der damaligen Übermacht der Psychiater zu behaupten. Es geht dabei um die Chance berufs- und gesundheitspolitischer Regelungen, die den Bestand der Psychotherapie sichern und ausbauen sollten. Damals wurden Regelungen erreicht, die zum Teil noch bis heute nachwirken: Die Anerkennung, ja sogar staatliche Mitfinanzierung der psychotherapeutischen Ausbildung, die Einbeziehung der Psychologen in die Psychotherapie als "Heilhilfspersonen" und die Finanzierung von Psychotherapie durch öffentliche Krankenkassen, um nur die wichtigsten Marksteine zu nennen.

Das Entscheidende aber: Die Psychotherapie erhielt mit der Einrichtung des staatlich geförderten "Deutschen Instituts für Psychologische Forschung und Psychotherapie" im Mai 1936 - des sogenannten Göring-Instituts und späteren "Reichsinstituts" - unter den Nationalsozialisten eine Legitimation für

---

2   Diese Arbeit von Schultz-Hencke wurde später, nach dem Ende der NS-Zeit, im Zusammenhang mit der Spaltung der Nachkriegs-DPG zu einem zentralen Dokument in Hinblick auf die Frage nach der Anpassung der Psychoanalytiker im NS-Staat, die lange auf die Person von Schultz-Hencke und seine "Neopsychoanalyse" zentriert war (Kap. 2). Ein Pendant dieser Arbeit ist der weiter unten erwähnte Beitrag von Müller-Braunschweig unter dem Titel "Psychoanalyse und Weltanschauung" 1933 im "Reichswart".

weite Bereiche des staatlichen und gesellschaftlichen Lebens, die bis dahin und zum Teil auch danach undenkbar war. Zu nennen sind u.a. Forschungsaufträge zur Unfallverhütung am Arbeitsplatz, zur psychologischen Untersuchung über die Weltanschauung, zur Verarbeitung von Bombenangriffen durch Kinder, zur Psychologie abgeschossener Flieger sowie kriminalpsychologische Untersuchung mit Gutachten zur Homosexualität und zum Exhibitionismus.

Die Wichtigkeit, die die Machthaber diesem Institut und seiner Tätigkeit beimaßen, schlug sich 1939 in der Übernahme des Instituts durch die "Deutsche Arbeitsfront" nieder, was wirtschaftliche Sicherheit über Jahre hinaus bedeutete. Es wurde zum "kriegswichtigsten Institut" erklärt, das die psychologische Kriegsführung mit Expertisen, mit der Ausbildung von Militärpsychologen und mit der Behandlung von Kriegsneurotikern unterstütze. 1944 wurde es schließlich noch als "Reichsinstitut" in den "Reichsforschungsrat" aufgenommen. In der Zeit der Kriegsbewirtschaftung bedeutete das eine weiterhin gesicherte Finanzierung.

So erfuhr die Psychotherapie in Deutschland, die 1933 noch eine relativ junge und schwache Bewegung war, im Dienste des NS-Staates eine umfangreiche Institutionalisierung und wirksame Existenzsicherung. Sie wurde zum Vorreiter der damaligen europäischen Psychotherapie. Diese Entwicklung, so resümiert Cocks für Psychotherapie und Psychoanalyse im "Dritten Reich" (1985), "läßt sich korrekt weder als 'Unterdrückung' noch als 'Rettung' charakterisieren, vielmehr ist sie das Ergebnis einer konsequenten berufspolitischen Entwicklung und 'Selbstgleichschaltung'" (S. 31).

Eine solche Institutionalisierung der Psychotherapie im Dienste des Staates mußte in jedem Fall ein unerhörtes Wagnis sein. Unter den Vorzeichen eines ideologisierten totalitären Staates wurde sie unter den Nationalsozialisten zur "Selbstgleichschaltung" und zur unausweichlichen Niederlage. Denn dieser Prozeß mußte unweigerlich mit der Verleugnug der Unmenschlichkeit der NS-Ideologie verbunden sein. Viele der Fakten sprechen sogar für eine Billigung. So ist die Ausgrenzung der Juden aus Psychotherapie und Psychoanalyse mehr oder weniger widerstandslos hingenommen und teilweise sogar aktiv mitbetrieben worden. Die Übernahme der rassenpolitischen Sprache in die therapeutischen Ziele blieb nicht nur ein strategisches Manöver, sondern sie wurde zur "Tat". Wenn man nach Schuld fragt, die die Psychotherapie im NS-Staat belastet, dann ist es die politische Instiktlosigkeit, die zur "Selbstgleichschaltung" führte, und die teilweise aktive Unterstützung der ideologischen Ziele des Nationalsozialismus bis hin zur Beteiligung an der Durchsetzung seiner diskriminierenden Gesetzgebung. Daran ändert es kaum etwas, daß es nur wenige, wenn überhaupt jemand, gegeben haben mag, die damals den Irrsinn dieser wahnsinnigen Politik mit der letzten Konsequenz des Völkermordes überschauten.

Wandlungen der Psychoanalyse

Diesem Vorwurf kann sich auch die Psychoanalyse nicht entziehen, bei der man aus mehreren Gründen eine besonders kritische Distanz zum NS-Staat hätte erwarten können. Diese Distanz hätte sich aus der besonderen Gründungsgeschichte und Tradition der psychoanalytischen Institutionen und aus persönlichen Loyalitäten ergeben können.

Immerhin waren die Gründer der Deutschen Psychoanalytischen Gesellschaft (DPG) überwiegend Juden gewesen. Auch ihre leitenden Mitglieder waren 1933 überwiegend Juden, und ein erheblicher Teil der Mitgliedschaft bestand aus jüdischen Analytikerinnen und Analytikern. Schließlich war die DPG Teil einer internationalen Vereinigung, in der Juden ebenfalls eine maßgebliche Rolle spielten. Es kommt hinzu, daß die inhaltlichen Konzepte der damals noch jungen psychoanalytischen Wissenschaft zum erheblichen Teil auf Beiträgen jüdischer Analytiker beruhten und daß eine besondere Loyalität der nichtjüdischen Analytiker gegenüber den jüdischen Kollegen bestand, die ihre Lehrer und Lehranalytiker gewesen waren.

Zur Beurteilung der damaligen Situation der Psychoanalyse in Deutschland als Institution Anfang der dreiziger Jahre ist auch zu bedenken, daß sie seit der Einrichtung einer Poliklinik und eines Ausbildungsinstituts in Berlin um 1920 einen nachhaltigen Aufschwung erlebt hatte und damals institutionell stabil erscheint. Die namhaftesten Analytiker waren dort als Mitglieder und Dozenten tätig. Die Psychoanalyse dürfte es, zumindest anfänglich, an sich also nicht "nötig" gehabt haben, sich an die neue politische Linie anzupassen, um sich etwa gegenüber einer machtvollen Psychiatrie abzugrenzen oder um politischen Einfluß zu gewinnen. Als emanzipatorische Wissenschaft hätte sie zudem prädestiniert gewesen sein können, ihr sozialkritisches Potential zum Schutz gegen eigene Korruption und Erpressbarkeit einzusetzen.

Aber die Geschichte der Psychoanalyse im "Dritten Reich" ging einen ganz anderen Weg. Er soll hier anhand einiger Daten[3] nachgezeichnet werden:

Bereits kurz nach der Machtübernahme durch Hitler wurden Freuds Werke 1933 in Berlin verbrannt. Es begann eine Debatte um die Vorstandsfunktionen des jüdischen Vorsitzenden der DPG, Max Eitingon. Freud selbst legte ihm den Rücktritt nahe, falls dafür die Gesellschaft erhalten werden könnte. Ende 1933 ersetzten Felix Boehm und Carl Müller-Braunschweig den bisherigen Vorstand, dem neben Eitingon auch Ernst Simmel und Otto Fenichel angehört hatten, die ebenfalls Juden waren. Noch im gleichen Jahr unterzeichnete Boehm ein Memorandum als Verhandlungsbasis der Psychoanalytiker mit Göring. Der Text stammte wahrscheinlich von Carl Müller-Braunschweig. Er erschien in ähnlicher Form im "Reichswart" unter dem Titel "Psychoanalyse und Weltanschauung" (1933). Dieses Dokument kann man nur als Anbiederung an die neuen Machthaber im Staate verstehen, wenn es darin heißt, daß die Psychoanalyse das Ziel habe, "unfähige Weichlinge zu lebenstüchtigen Menschen (zu machen), ... liebesunfähige und egoistische Menschen zu liebes- und opfer-

---

3   Vgl. dazu Brecht u.a. (1985) und Lockot (1985, 1994), denen die folgende Zusammenstellung zugrundeliegt.

fähigen, am ganzen des Lebens Uninteressierte zu Dienern am Ganzen umzuformen. Dadurch leistet sie eine hervorragende Erziehungsarbeit und vermag den gerade jetzt neu herausgestellten Linien einer heroischen, realitätszugewandten, aufbauenden Lebens- und Weltauffassung wertvoll zu dienen" (S. 97).

Einer der beiden Analytiker, die sich meines Wissens öffentlich mit dem Nationalsozialismus konfrontierten, war Wilhelm Reich, der andere Ernst Simmel. Reich wurde 1933 heimlich aus der DPG ausgeschlossen. 1934 verlor er die Mitgliedschaft in der Internationalen Psychoanalytischen Vereinigung (IPV). Die Vorgänge in Deutschland und die Haltung der IPV dazu hatte Reich so kommentiert: "Man wird zwar geprügelt, bleibt aber vornehm dabei ..." (zit.n. Brainin u. Kaminer 1982, S. 993).

Ebenfalls 1934 publizierte Harald Schultz-Hencke, Freud-Kritiker seit 1927, Mitglied der DPG und Vorstandsmitglied der DAÄGP, seine erwähnte Arbeit über die Tüchtigkeit als Behandlungsziel: "In der Psychotherapie bestimmten Wertgefühl, Wille, Blut, Leben das Ziel und nicht die Wissenschaft ... Ein Volk hat einen Anspruch darauf, daß auch die psychotherapeutischen Wertsetzungen der Gesamtheit der Werte eingeordnet werden" (S. 85). Auf dem IPV-Kongreß in Luzern 1934 verteidigte Jones als IPV-Präsident die politischen Kompromisse der DPG gegenüber dem NS-Staat und würdigte die Verdienste Boehms um die Psychoanalyse.

1935 verfaßte Müller-Braunschweig ein Manuskript "Psychoanalyse und Deutschtum", in dem es hieß: "Die deutschen Psychoanalytiker wünschen sich, daß ihnen die nationalsozialistische Regierung wohlwollend eine fruchtbare Fortsetzung ihrer wissenschaftlichen und therapeutischen Arbeit sichern möge. Sie wünschen sich das um so mehr, als seit dem nationalsozialistischen Regime für die Deutsche Psychoanalytische Gesellschaft im ganz anderen Umfang die Voraussetzungen dafür geschaffen waren, der Gesellschaft ein wirklich deutsches Gesicht geben zu können ... Vor allem glauben wir, daß wir Wertvolles für das Ziel einer deutschen Psychotherapie beizusteuern vermögen..." (zit. Brecht u.a. 1985, S. 167).

Im gleichen Jahr wurde Edith Jacobson, damals Ausbildungskandidatin am psychoanalytischen Institut, in Berlin wegen der Unterstützung einer Widerstandsgruppe verhaftet. Als Reaktion beschloß die DPG, daß keine politisch aktiven Patienten mehr behandelt werden sollten (Jones an Anna Freud am 14.11.1935). Aus Angst vor einem Verbot betrieb der DPG-Vorstand den Austritt der jüdischen Mitglieder, unterstützt vom IPV-Präsidenten Jones (Boehm 1935, zit. in Brecht u. a. 1985). Der formal "freiwillige" Austritt erfolgte im Dezember 1935. Damit war die DPG "arisiert".

Im Mai 1936 wurde das schon erwähnte "Deutsche Institut für Psychologische Forschung und Psychotherapie", das spätere "Reichsinstitut" gegründet, um die "deutsche Psychotherapie" aufzubauen. Neben den Individualpsychologen und den Jungianern beteiligt sich auch die DPG. Der Vorstand stellte die Räume des Berliner psychoanalytischen Instituts zur Verfügung. Im gleichen Jahr deklarierte Göring Freuds "Methode" als "Allgemeingut aller Psychotherapeuten". Carl Müller-Braunschweig plante im Internationalen Psychoanalytischen Verlag eine "Deutsche Zeitschrift für Psychoanalyse", die "auf dem Boden des Dritten Reiches steht" (Brecht 1985, S. 134).

Ebenfalls 1936 faßte die DPG den Beschluß, aus der IPV auszutreten. Er wurde unter Beteiligung von Jones und Göring zunächst rückgängig gemacht. Im selben Jahr wurde auf dem IPV-Kongreß in Marienbad die Mitwirkung der DPG am "Reichsinstitut" sowie der sogenannte Austritt der Juden aus der DPG bekanntgegeben. Jones bezeichnete die Lage der DPG damals als "entlastet".

1938 wurde die DPG nach dem Einmarsch der Nazis in Österreich mit Zustimmung Freuds und der IPV als Treuhänderin der Wiener Psychoanalytischen Vereinigung eingesetzt. Müller-Braunschweig und mit ihm die DPG gerieten darüber in Konflikt mit den nationalsozialistischen Machthabern, der schließlich dazu beitrug, daß die DPG nun endgültig aus der

IPV austrat und sich als eigenständiger Verein zugunsten der Bildung einer "Arbeitsgruppe A" im "Reichsinstitut" auflöste. Damit war der Prozeß der "Selbstgleichschaltung" vollendet.

Diese Chronik ist ein Dokument der Hilflosigkeit der Psychoanalytiker gegenüber den Verführungen der Mächtigen. Fragt man sich nach den Motiven für die Zugeständnisse, so dürfte es - wenigstens vordergründig - vor allem die Befürchtung von Schritten des Staates gegen die Psychoanalyse als "jüdische" und kritische Wissenschaft gewesen sein, denen sie zuvorkommen wollten. Man wollte sich von jenen Teilen trennen, die die Psychoanalyse als Ganzes in Gefahr zu bringen drohten, um wenigstens einen Teil zu retten.

Diese Versuche bezeugen einen grandiosen Irrtum. Er betrifft die Idee, man könne sich mit einem menschenverachtenden Regime auf Zugeständnisse *in der Form* einlassen und damit die *Inhalte* retten. So opferte man "die Juden" und - personifiziert in Reich - die Sozialkritik. Was dem äußeren Selbstschutz dienen sollte, wurde aber in Wirklichkeit zur Amputation an der psychoanalytischen Identität. Die Trennung von den deutschen Juden in der psychoanalytischen Organisation führte zu einer Beschädigung des inneren leitenden Bildes der zurückbleibenden Psychoanalytiker, denn sie zerbrach stellvertretend ihre Beziehung zu Freud. Diesen Aspekt werde ich im 4. Kapitel weiter ausführen. Die Ausgrenzung der Sozialkritik machte aus der Psychoanalyse ein Rudiment, das sich tatsächlich konfliktfrei in eine "deutsche Psychotherapie" einpassen ließ. Schultz-Henckes Neopsychoanalyse, sein Konzept der konstruktiven Agression und des mittleren Menschen sind dafür beispielhaft.[4]

Es war das Ziel der DPG gewesen, durch ihre Kompromisse die Substanz der Psychoanalyse zu erhalten. Aus eben diesem Grund hatte die IPV sich hinter ihre Politik gestellt.

---

4   Vgl. Schultz-Henckes (1947) im Jahre 1946 verfaßtes Vorwort zur Nachkriegsauflage von "Der gehemmte Mensch" sowie die kritische Würdigung von Schulte-Lippern (1990). Siehe dazu Weiteres im 2. bis 4. Kapitel.

Selbst Freud hatte sie - zumindest anfangs - gutgeheißen. Erreicht aber wurde genau das Gegenteil, nämlich der Verlust identitätsbildender Werte und Überzeugungen und der Verlust eines Klimas, in dem Analyse möglich ist.

Unter diesen Umständen als Analytiker weiterzumachen, war eine Verleugnung der Realität, als wäre nichts geschehen. Es war ein Festhalten an einer Realität, die es nicht mehr gab. Aber wahrscheinlich ermöglichte diese Verleugnung es den Analytikern, scheinbar klaglos zu ertragen, daß sie wesentliche Teile ihrer Identität aufgegeben hatten. Scheinbar war das der Ausweg aus der Wahrnehmung der eigenen Ohnmacht und Niederlage: die Spaltung zwischen außen und innen, Handlung und Denken, Institution und Inhalt. "Die Geschichte der Psychoanalyse im Dritten Reich lehrt," so kommentiert Nietzschke (1990), "daß man zerstört, was man 'retten' will, wenn man die Dialektik ignoriert, die zwischen Innerem und Äußerem besteht" (S. 33).

Die Erkenntnis dieser Dialektik zwischen innen und außen und die mutige Radikalität ihrer Anwendung auf den Einzelnen und auf die Gesellschaft ist eine Quintessenz der Psychoanalyse. Sie gehört in den Bereich der identitätsstiftenden Utopien, die nicht aufgegeben werden können, ohne ihre Identität zu zerstören.

So führten die Kompromisse mit dem NS-Staat am Ende zum Verlust der Autonomie und der psychoanalytischen Werte und Normen. Dieser Selbstverlust bewirkte, daß die Identität der Psychoanalytiker in Deutschland nach dem NS-Staat nachhaltig beeinträchtigt blieb.[5] Zu den Folgen gehört, daß sie seit der NS-Epoche kaum noch nennenswerte Beiträge zum internationalen Diskurs der Psychoanalyse geliefert haben und ihr Einfluß auch im eigenen Lande, einmal abgesehen von der Anwendung der Psychoanalyse in der medizinischen Versorgung, bescheiden geblieben ist. Zu den Folgen gehört auch,

---

5 Vgl. Kap. 3; Beland sprach auf einer Tagung der DPG zum Thema "Das Vergangene in der Gegenwart" 1996 in Berlin in diesem Sinne von einem "Aneignungstabu" der Psychoanalyse durch die Psychoanalytiker in Deutschland.

daß die Psychoanalytiker nach dem Ende der nationalsozialistischen Epoche nicht in der Lage waren, das Geschehene unter psychoanalytischen Aspekten zu betrachten und die Prozesse des Neubeginns zu analysieren. Das werde ich im nächsten Kapitel weiter ausführen.

Man kann sich an dieser Stelle fragen, ob die Verleugnungen und Fehleinschätzungen im Anpassungsprozeß der Psychoanalyse im NS-Staat nicht bereits auch eine Folge vorangegangener Verleugnungen war. Es zeigt sich dann, daß die organisierten Psychoanalytiker, wie ich im 7. Kapitel noch weiter erläutern werde, von Anfang an dazu geneigt haben, den eigenen Institutionsprozeß aus der Analyse auszusparen. Sie haben den Gewinn und Erhalt ihres Einflusses immer über die Analyse der Machtstrukturen gestellt, die sie zu diesem Zwecke schufen.

Die Analyse der eigenen Institution scheint im institutionellen Unbewußten der Psychoanalyse mit der Phantasie von Gefährdung und Zerstörung verbunden zu sein und paranoide Ängste auszulösen. Deshalb scheint die psychoanalytische Institution das sozialkritische Potential in ihren Reihen zu isolieren, sobald es sich auf die eigenen institutionellen Prozesse richtet.

So wurde das Potential zur Analyse institutioneller Prozesse auch in der NS-Zeit ausgegrenzt, anstatt es zum Selbsterhalt zu nutzen. So betrachtet, wurde Wilhelm Reich aus der psychoanalytischen Gemeinschaft ausgeschlossen, weil er nicht nur eine potentielle Gefahr in Hinblick auf die Bedrohung durch die Nazis war, sondern auch eine reale für die Anpassungspolitik der psychoanalytischen Gemeinschaft.

Eine andauernde Folge der Beteiligung der Psychotherapeuten und Psychoanalytiker an der menschenverachtenden Politik des NS-Staates wird im 6. Kapitel näher dargestellt. Es ist der Verlust der Unbefangenheit und Zuversicht, die erforderlich sind, um sich auf das Unbewußte einzulassen und auch die gesellschaftliche Situation zu analysieren, in der wir leben. Darin liegt der nachhaltige Wandel, den sie im NS-Staat vollzogen haben - ein Wandel als Verlust.

Wir heutigen Psychoanalytiker leben in Deutschland in weitgehender politischer Sicherheit; die meisten von uns Jüngeren können die Angst angesichts von politischer Gewalt kaum ermessen, geschweige denn verurteilen, die die Entwicklung im "Dritten Reich" beherrscht hat. Das Versagen im NS-Staat kann deshalb nur eine Aufforderung sein, sich auf die Geschichte einzulassen und zu erkunden, wo wir uns und unsere Situation in den Ereignissen von damals wiederfinden. Dieses rückblickende stellvertretende Durcharbeiten kann strukturelle Ähnlichkeiten mit der heutigen Situation bewußter machen, aber auch das Vermögen fördern, die Unterschiede wahrzunehmen und anzuerkennen, die heute gegenüber damals bestehen.

Dabei zeigt sich, daß das hervorragendste Motiv, Überzeugungen und Loyalitäten aufzugeben, um Einfluß zu bewahren und Zukunftssicherung um den Preis von beruflichen und persönlichen Werten zu betreiben, ein zeitloses ist, das Psychoanalytiker und Psychotherapeuten auch nach dem Nationalsozialismus angeht. Die Emigranten haben sich in den USA angepaßt und das kritische Potential der Psychoanalyse verleugnet und nur in Geheimzirkeln gepflegt (Jacobi 1983). Die Psychoanalytiker, die nach dem Kriege in Deutschland die Psychoanalyse erneuerten, haben nur sehr zögernd an ihre sozialkritische Tradition wieder angeknüpft. Um die Beteiligung an der Kassenversorgung zu sichern, wurden die sogenannten Laien in der Versorgung von der Psychotherapie und Psychoanalyse ausgeschlossen. In der Auseinandersetzung mit sozialrechtlichen Regelungen vollziehen Psychoanalytiker heute in ihren Ausbildungsrichtlinien sprachliche und formale Anpassungsbewegungen, um mit den öffentlichen Regelungen konform zu sein. Es sind scheinbar immer nur Begriffe, die geändert werden, Modalitäten, die übernommen werden ... Doch wie sicher wissen wir, wann wir beginnen, unsere Identität zu verändern?

2 Gründungsmythen und Spaltung in der Nachkriegs-Psychoanalyse

Über Jahrzehnte waren die deutschen Psychoanalytiker als Gruppe blind für die Mitverantwortung gegenüber ihrer Geschichte. Das Erstaunliche ist, daß sie die Methode der Psychoanalyse nicht für das Verständnis der eigenen Situation nutzen konnten und lange auch gar keine Notwendigkeit sahen, es zu tun. So erkannten sie nicht, daß die hochgeladenen Affekte, die die Beziehungen zwischen ihnen belasteten, und speziell die Gruppendynamik zwischen den psychoanalytischen Fachgesellschaften Signale für die Abwehr unbewußter Gruppenkonflikte aus der Vergangenheit waren.

Eine Lockerung dieser Abwehr begann erst in den 80er Jahren. Je unbefangener nun auch die Vergangenheit nun betrachtet werden konnte, um so deutlicher wurde, daß die deutschen Psychoanalytiker als Gruppe auf besondere Weise vor einer bis dahin weitgehend unbewußten, jedenfalls völlig unbewältigten Schuldproblematik standen, die aus der Geschichte der Psychoanalyse im "Dritten Reich" stammte. Im vorigen Kapitel habe ich die zentralen Aspekte dieser Geschichte beleuchtet. In diesem Abschnitt werde ich nun darstellen, wie die Psychoanalytiker nach dem Ende des Nationalsozialismus unter dem Einfluß dieser Schuldkomplexe mit ihrer Geschichte umgingen und dabei die Spaltung der DPG und ihre Folgen in das Zentrum der Betrachtung rücken.

Zur Entwicklung der Psychoanalyse in der Nachkriegszeit

Bis zum Jahre 1949 repräsentierte die Deutsche Psychoanalytische Gesellschaft (DPG) trotz aller Beschränkungen ihrer Tätigkeit im NS-Staat die Psychoanalyse Sigmund Freuds und der mit diesem Konzept in Einklang stehenden Weiterentwicklungen in Deutschland. Die DPG beanspruchte mit der Wiedergründung 1945 das unmittelbare Erbe der alten Vorkriegs-DPG. Wie im vorigen Kapitel näher dargestellt, hatte diese seit 1933 einen Prozeß der systematischen schrittweisen "Selbstgleichschaltung" durchlaufen. Dabei hatte sie sich zunächst von ihren jüdischen Vorstandsmitgliedern und dann auch von den jüdischen Mitgliedern getrennt. 1938 war sie, nach ihrem Austritt aus der Internationalen Psychoanalytischen Vereinigung (IPV), schließlich im nationalsozialistischen psychotherapeutischen Institut, dem sog. Reichsinstitut, als "Arbeitsgruppe A" aufgegangen.

1945/46 wurde die DPG in Berlin wiedergegründet. Carl Müller-Braunschweig, der schon während der NS-Zeit zusammen mit Felix Boehm den Vorsitz gehabt hatte, wurde Vorsitzender. Er bewirkte, daß in das Vereinsregister der Zusatz "Gegründet 1910" zum Vereinsnamen aufgenommen wurde, als die Gesellschaft 1946 wieder eingetragen wurde. Er setzte damit ein Zeichen für die Suche nach einer Kontinuität, die die Mitglieder selbst durch ihre Entscheidungen in der NS-Zeit unterbrochen hatten.

Dieses Zeichen ist ein Ausdruck der Wunschphantasie, die Anpassungen im NS-Staat gleichsam ungeschehen zu machen: die Distanzierung von Freud und seiner Lehre, die Duldung der Diffamierung der psychoanalytischen Lehre und die Vertreibung der jüdischen Kollegen aus den eigenen Reihen. Mit der Wiedergründung der DPG war also eine Wiedergutmachungsphantasie und die Inszenierung eines Ent-Schuldungswunsches verbunden, die Illusion, man könne an die Psychoanalyse der vornationalsozialistischen Zeit anschließen, ohne sich der öffentlichen Auseinandersetzung mit den vorangegangenen Ereignissen stellen zu müssen.

In diesem Sinne betrieb Müller-Braunschweig auch die Wiederaufnahme der Gesellschaft in die Internationale Vereinigung. 1949 kam es zur ersten offiziellen Wiederbegegnung mit der IPV bei einem Kongreß in Zürich. Dabei wurde die DPG nur als provisorisches Mitglied wieder akzeptiert.

Die Vorbehalte richteten sich vor allem gegen Harald Schultz-Hencke, der als "Dissident" vor und während der NS-Zeit die Neopsychoanalyse konzipiert hatte, die er als "Amalgam" der Grundauffassungen von Freud, Jung und Adler verstand (Schultz-Hencke 1940). Sein Konzept einer Integration kam den Ideen der Nationalsozialisten entgegen, so daß die Neopsychoanalyse im "Dritten Reich" auch öffentlich vertreten werden konnte, während die Psychoanalyse im Sinne von Freud diskriminiert wurde. Schultz-Hencke, der nach 1945 eine neopsychoanalytische Gruppe in der DPG aufbaute und leitete, sonst aber keine offizielle Funktion in der DPG hatte[6], geriet damit im Kreise der IPV in den Verdacht eines politischen Opportunismus.

Ausgerechnet Schultz-Hencke war nun von der DPG als offizieller Redner bei der ersten Wiederbegegnung auf dem Züricher Kongreß mit der IPV bestimmt worden. In seinem Vortrag vertrat er erwartungsgemäß neopsychoanalytische Positionen, die in der IPV Befremden hervorrufen mußten, zumal er sich dabei auf Leibniz berief und Freud oder andere maßgebliche Theoretiker der klassischen Psychoanalyse nicht berücksichtigte. Unabgesprochen ergriff danach der DPG-Vorsitzende Müller-Braunschweig das Wort zu einem Koreferat, das ganz auf der Linie der klassischen Psychoanalyse und der mehrheitlichen Auffassungen der IPV lag.

Die anschließenden Diskussionen in Zürich ließen nun erkennen, daß eine endgültige Wiederaufnahme der DPG in die IPV daran geknüpft sein würde, daß die Gesellschaft sich von Schultz-Hencke und seiner Lehre distanzieren würde. Folgt man dem Duktus der Verhandlungen[7], so wurde die Schuld für das Versagen der Psychoanalyse im NS-Staat projektiv in der Person von Schultz-Hencke objektiviert. Die Trennung von ihm wurde gleichsam die Bedingung für eine Reinigung, die den Wiedereintritt in die IPV ermöglicht hätte. Marie

---

6 Zur Stellung beider im "Dritten Reich" vgl. Kap. 1 und 4.
7 Ich beziehe mich auf die Dokumente der IPV-Sitzung von 1949 (s. Brecht u.a. 1985). Zu den Einzelheiten der Ereignisse vgl. Lockot (1994).

Bonaparte sagte: "Entweder wird die deutsche Gesellschaft eine rein analytische Gesellschaft und Dr. Schultz-Hencke steht auf eigenen Füßen, ... oder es ist unmöglich für uns, ihr Anerkennung zu gewähren."

In Folge dieser Ereignisse entwickelten sich in der DPG heftige Spannungen und Zerwürfnisse. Es kam zu einer zunehmenden Polarisierung zwischen Müller-Braunschweig und Schultz-Hencke.

Diese Polarisierung führte 1950 schließlich zur Spaltung der DPG. Müller-Braunschweig gründete mit einigen Mitgliedern die Deutsche Psychoanalytische Vereinigung (DPV), die 1951 auf dem Amsterdamer Kongreß in die IPV aufgenommen wurde, während der überwiegende Teil der bisherigen Mitglieder in der DPG blieben, in der Felix Boehm, der Mitvorsitzende während der NS-Zeit, jetzt den Vorsitz übernahm. In der DPG war die Mehrheit durchaus freudianisch orientiert. Die Neopsychoanalyse gewann aber jetzt durch die Spaltung zunehmend an Bedeutung.

Diese Entwicklung war mit persönlichen Kränkungen und Verletzungen verbunden, die lange nachwirkten. Sie führte dazu, daß sich die deutschen Psychoanalytiker über viele Jahre in zwei unversöhnlichen Lagern gegenüberstanden, die der tiefe Graben der Nichtmitgliedschaft bzw. Mitgliedschaft in der IPV voneinander trennte. Darüber blieb die Bearbeitung der Vergangenheit während der Zeit des NS-Staates völlig aus. Stattdessen entstand auch in der Psychoanalyse - und ebenso in der Psychotherapie - die gleiche Sprachlosigkeit, welche die Nachkriegsgeschichte in Deutschland in den meisten gesellschaftlichen Bereichen prägte.

"Objektivierung" von Schuld durch Spaltung

Man kann die Spaltung der DPG vor diesem Hintergrund als einen Versuch verstehen, der emotionalen Auseinandersetzung mit der Vergangenheit auszuweichen. Dieselbe Funktion erfüllten auch andere Bewältigungsversuche. Äußere Aktivität

und Veränderung, z.B. der rasche Wiederaufbau der psychoanalytischen Institute, z.T. in den alten Strukturen der NS-
Zeit, und die Medizinalisierung und Beteiligung an der Versorgung, z.B. durch die rasche Wiedereinrichtung von Polikli-
niken, ersetzten dabei das psychoanalytische Nachdenken über
die eigene Geschichte. Als ob die Psychoanalyse durch die
Kollaboration mit den Feinden Freuds als Methode vergiftet
und mit unbewußten destruktiven Phantasien besetzt worden
war, Vernichtungsängste provozierte und deshalb als Weg der
gemeinsamen Reflexion nicht mehr taugte.

Die deutschen Psychoanalytiker hatten der Psychoanalyse
und sich selbst im Nationalsozialismus ein schweres Trauma
zugefügt. Es bestand in der Zerstörung des psychoanalytischen Introjektes und im Auseinanderbrechen von psychoanalytischer und nationaler Identität. Im 4. Kapitel werde ich darauf näher eingehen. In Folge dieses Traumas mußten sie nach
der NS-Zeit ihre psychoanalytische Identität vor ihrer nationalen, mit Destruktivität kontaminierten schützen (Vogt 1986),
umgekehrt aber auch ihre nationale Identität vor einer verfolgenden Psychoanalyse in Sicherheit bringen. So konnten und
brauchten sie nicht mit den destruktiven Ereignissen der Vergangenheit in Berührung zu kommen. Stattdessen mußten sie
sich selbst lange vor der Psychoanalyse schützen, die sie be-
ruflich handhaben.

Aus späterer Sicht erscheint die Spaltung der DPG in zwei
psychoanalytische Gesellschaften, die sich lange feindselig gegenüberstanden, als Abwehr der Scham über die Vergangenheit im Nationalsozialismus. Das unterscheidet sie von anderen Spaltungen, an denen die Geschichte der Psychoanalyse
reich ist.[8] Sie hatte die unbewußte Funktion, zwei Fraktionen
von deutschen Psychoanalytikern zu schaffen, die zwei unvereinbare unbewußte Identifizierungen verkörperten: Eine Identifizierung mit den Opfern des NS-Staates und eine mit den
Tätern. Diese Spaltung entsprach der unbewußten Disso-

---

8 Vgl. dazu auch die Beiträge von Lockot und Eickhoff sowie die
Tageszusammenfassung von Beland anläßlich der Berliner Tagung
Spaltungen in der Geschichte der Psychoanalyse (Hermanns 1995).

ziation zwischen nationaler und psychoanalytischer Identität im Selbstverständnis deutscher Psychoanalytiker nach dem Nationalsozialismus. Es entsprach aber auch einer Zuschreibung durch die internationale psychoanalytische Gemeinschaft, die sich in der Forderung nach der Trennung von Schultz-Hencke manifestiert hatte, die ein wesentlicher Motor der Spaltung war.

Die neugegründete DPV identifizierte sich mit den Opfern, d.h. mit den Juden. Diese Identifizierung erhielt die Bedeutung von Wiedergutmachung und psychoanalytischer Identität. Die DPG nach der Spaltung repräsentierte dagegen unbewußt die "deutsche" Identität, die Schuld und das Versagen gegenüber den Juden und der Psychoanalyse und insofern die Täterschaft.

Mit dieser Spaltung der wiedergegründeten psychoanalytischen Organisation wurde die Phantasie in Szene gesetzt, daß deutsch sein und Psychoanalytiker sein nach dem NS-Staat zwei unvereinbare Teilidentitäten waren. Der Anschluß der DPV an die IPV konnte nun die Illusion einer nicht-kontaminierten Psychoanalyse auch in Deutschland ermöglichen, die als restitutive Phantasie schon mit der Wiedergründung der DPG - "gegründet 1910" - verbunden gewesen war. Die Folge war die Schaffung von zwei Arten von Psychoanalyse, die sich über viele Jahre immer stärker polarisierten: eine "internationale", die in den folgenden Jahren fast ausschließlich von der DPV repräsentiert wurde, und eine "deutsche", die in der DPG vertreten wurde und in den 50er Jahren weitgehend neopsychoanalytisch geprägt war.

Ich leite aus dieser Auffassung die These für das Verständnis der Nachkriegsgeschichte der Psychoanalyse in Deutschland ab, daß die unbewußte Funktion der Spaltung der psychoanalytischen Organisation darin bestand, umfassende Schuldphantasien in Schultz-Hencke und seinem Konzept der Neopsychoanalyse zu objektivieren. Mit Objektivierung meine ich eine defensive unbewußte Konkretisierung und Verschiebung von innen nach außen mit Hilfe von Projektionen und projektiver Identifizierung. Auf diese Weise wurden die Beschädigungen, mit denen die deutschen, nichtjüdischen Analytiker an der internationalen Psychoanalyse und den jüdischen Psychoanalytikern schuldig geworden waren, an Schultz-Hencke und seiner Neopsychoanalyse festgemacht; diese wurde als explizit "deutsche Abweichung" isoliert, um sie auszustoßen. Damit wurde die Schuld aus der Gemeinschaft der Psychoanalytiker herausverlagert.

Mit der Gründung der DPV brachte Müller-Braunschweig zugleich das Sühneopfer, das die Rückkehr in den Schoß der IPV ermöglichte. Damit besetzte er den zunächst im psychischen Bewältigungsraum bestehenden "schuldfreien" Bereich. Die Objektivierung führte nun zur äußeren Realisierung. Eine konstruktive Auseinandersetzung mit der Schuldfrage war damit im psychischen Raum über lange Zeit nicht mehr möglich. Stattdessen wurde die Isolierung des "Deutschen" in der Psychoanalyse durch jahrzehntelange Spannungen zwischen den beiden Fachgesellschaften DPG und DPV fixiert, die aus der Spaltung hervorgegangen waren.

Hinter dieser Fixierung der Spaltung zwischen deutsch und psychoanalytisch stand womöglich die Phantasie, daß ein Deutscher angesichts der deutschen Schuld an den Juden und an der Psychoanalyse gar kein "wahrer" Psychoanalytiker sein kann. Diese Annahme würde die tiefen Selbstzweifel erklären, die viele deutsche Psychoanalytiker lange beschlichen haben und die immer wieder in Rivalitätskämpfen um die Vertretung der "wahren" Psychoanalyse Ausdruck gefunden haben. Sie haben eine oft beschämende Gruppendynamik von Idealisierung und Entwertung gestiftet. Letzten Endes stand auch diese Phantasie im Dienst der Abwehr von Schuldgefühlen über die deutschen Beschädigungen der Psychoanalyse.

Gründungsmythen

In der DPG waren die Freudianer zahlenmäßig auch nach der Abspaltung der DPV anfangs noch in der Mehrheit (Baumeyer 1971). Die Spaltung bewirkte nun aber eine Veränderung, indem eine breite Identifizierung mit Schultz-Hencke und seinem Konzept stattfand. Sie bewirkte, daß die Neopsychoanalyse bis in die 60er Jahre hinein das vorherrschende Konzept in der DPG wurde.

Vordergründig betrachtet, handelt es sich dabei um eine Trotzreaktion gegen die Nicht-Wiederaufnahme der DPG in die IPV: Die DPG machte sich nun "erst recht" die Auffassungen zu eigen, die von Freud wegführten und die Wiederaufnahme in die IPV vereitelt hatten. Sie wandte sich damit nach der Zurückweisung gleichsam ein zweites Mal von Freud ab. Damit bot sie sich als Projektionsschirm für die Objektivierung des Verrats der deutschen Psychoanalytiker an Freud und seinem psychoanalytischen ("jüdischen") Gedankengut an.

Im Selbstverständnis der DPG gab es jedoch noch eine andere Verarbeitung der Nicht-Wiederaufnahme und Spaltung, der ich noch während meiner Ausbildung Anfang der 70er Jahre begegnet bin. Sie könnte etwa folgendermaßen ausgedrückt werden: "Die IPV hat den Kampf der Psychoanalytiker im Reichsinstitut unter maßgeblicher Beteiligung Schultz-Henckes um das Überleben der Psychoanalyse nicht gewürdigt. Mit der verweigerten Wiederaufnahme wurde die DPG Opfer ausländischer - jüdischer? - Intrigen. Die Gründung der DPV ist ein Akt der Illoyalität. Müller-Braunschweig als damaliger DPG-Vorsitzender und seine Mitläufer haben sich gegenüber der DPG schuldig gemacht."

Es blieb lange unbewußt, daß die DPG sich mit dem Mythos der eigenen Vertreibung von der Schuld an der Vertreibung der jüdischen Kollegen aus den eigenen Reihen seit 1933 und letzten Endes von der Mitschuld am Schicksal der Juden im Nationalsozialismus entlastete. Die Vertreibungsphantasie ermöglichte die Illusion eines Sühneopfers. Darin liegt wahrscheinlich ein unbewußter Grund dafür, daß es nie wieder ernsthafte Bemühungen um den Wiedereintritt in die IPV gab, als dies von den wissenschaftlichen Voraussetzungen her wieder möglich gewesen wäre. Dieses Sühneopfer zu ermöglichen, erscheint mir als unbewußte Funktion, die Schultz-Hencke für die DPG hatte, und erklärt die große Bedeutung, die er als Person und sein Konzept in den 50er Jahren in der DPG erlangten.

Beland (1987) hat hervorgehoben, daß auch die DPV über Jahrzehnte einen Gründungsmythos durch eine narzißtische Abwehrbarriere geschützt hat. In der Arbeit "Wie verstehen Sie sich selbst" hat er ihm folgenden, für mich überzeugenden Wortlaut gegeben: "Mit der heroischen Trennung von der übermächtigen Schultz-Hencke-Gruppe wurde ... die ursprüngliche psychoanalytische Identität unbeschädigt zurückgewonnen. Die Psychoanalytiker um Carl Müller-Braunschweig haben ... im Reichsinstitut die Psychoanalyse in der Substanz unbeschädigt bewahrt. Schultz-Hencke und seine Gruppe haben von der Verfolgung der Psychoanalyse profitiert und sind deshalb belastet".

Beland sieht in diesem Gründungsmythos die Basis für die Projektion der Verantwortung für den Psychoanalyse- und Freud-Verrat auf die Neopsychoanalytiker und sieht darin eine schuldverleugnende Illusion, die durch die Anerkennung durch die IPV scheinbar legitimiert wurde: "Die Nichtanerkennung der Schultz-Hencke-Gruppe bedeutete soviel wie Zuweisung von Illoyalität, Freud-Verrat, von NS-Begünstigung, von Kollaboration; umgekehrt gehörte die DPV durch die Gruppenspaltung und internationale Anerkennung auf die Seite der Verfolgten ... Wer in der DPV zum Analytiker ausgebildet wurde, erwarb gleichzeitig die Identität als guter Deutscher, ideell auf der Seite der Verfolgten und zu den im aktiven Widerstand gegen das Regime Handelnden gehörig".

Unter dem Gesichtspunkt unbewußter Phantasien enthält die Konstituierung beider psychoanalytischer Fachgesellschaften also maßgeblich schuldentlastende Gruppenphantasien und Gründungsmythen. Sie standen lange einer realistischen

Einschätzung der Unterwerfung und Anpassung der deutschen Psychoanalytiker im NS-Staat im Wege, vor allem aber einer Erschütterung über die Gruppenschuld, die die gemeinsame Muttergesellschaft gegenüber den jüdischen Kollegen und der Psychoanalyse auf sich geladen hatte. Als Gemeinsamkeit der Gruppenphantasien sehe ich eine Illusionsbildung, die eine Opferphantasie ermöglichte: Im Falle der DPG durch die Projektion der Verfolgeraspekte auf die IPV und die Verschiebung der Selbstvorwürfe über die Illoyalität auf die DPV; im Falle der DPV durch die Identifizierung mit den Verfolgten in der IPV und die Projektion der Schuldverantwortung auf die DPG.

Der gemeinsamen Abwehr unterlag dabei ein offensichtlich unerträgliches Täter-Motiv. Es bezieht sich vor allem auf die Mitschuld am Schicksal der europäischen Juden und speziell der jüdischen Psychoanalytiker im NS-Staat. Es bezieht sich aber auch auf die Tatsache, daß die Psychoanalyse an den berufspolitischen Sicherungen teilnahm, die die Psychotherapie im "Dritten Reich" durch die Förderung im "Reichsinstitut" erfuhr. Darauf bin ich im ersten Kapitel eingegangen. Nach dem Kriege bildeten sie die Basis für gesundheitspolitische Regelungen, von der die Psychoanalytiker noch heute nachhaltig profitieren.

Dazu schreibt Cocks (1988): "Wir müssen uns der Tatsache bewußt werden, daß die Psychotherapie und Psychoanalyse im Nationalsozialismus als Berufsstand vorwärts gekommen ist, und zwar nicht nur durch die moralischen Kompromisse ihrer Vertreter". Und an anderer Stelle: "Die heutige Stellung der Psychotherapie und Psychoanalyse beruht auf ihrer Herkunft aus der Vorkriegsgeschichte" (gemeint ist im Reichsinstitut). Das heißt, die heutige gesundheitspolitische Basis der Psychotherapie und Psychoanalyse mit der damaligen Schuldbelastung verknüpft und insofern schuldhaft kontaminiert ist.

Natürlich kann man die Geschichte der deutschen Nachkriegspsychoanalyse nicht auf die Entwicklung in und zwischen den beiden Fachgesellschaften reduzieren, die aus der "alten" DPG hervorgegangen sind. Mit in die Betrachtung gehört auch die bedeutende Zahl von Psychoanalytikern, die sich heute als Analytiker überwiegend Freudscher Prägung verstehen, ohne sich einer der beiden Gesellschaften anzuschließen. Diese Psychoanalytiker verstehen sich nicht explizit als Gruppe. Und dennoch erscheint mir - bei allem Respekt vor persönlichen Motiven - die Klärung der unbewußten gruppendynamischen Bedeutung der Entscheidung zur Nicht-Mitgliedschaft in einer Fachgesellschaft vor dem Hintergrund der deutschen Geschichte lohnenswert.

Es könnte sich dabei zeigen, daß sich auch bei diesen Analytikern eine unbewußte Tendenz offenbaren würde, durch eine unabhängige Individuation eine schuldfreie Sozialisation als deutsche Psychoanalytiker zu erlangen. Die bewußte Skepsis gegenüber den Fachgesellschaften könnte sich als dritte Form einer kollektiven Schuldabwehr erweisen - als unbewußte Gruppenphantasie, durch Distanzierung davor geschützt zu sein, von der Last der gemeinsamen Gruppenverantwortung für die Geschichte eingeholt zu werden.

Dies zu klären, wäre allerdings Sache der Betroffenen.

Folgen für die Entwicklung der Psychoanalyse

Die Objektivierung von Schuld, d.h. die Abspaltung und Externalisierung von Schuldgefühlen, bildet im Seelenleben unbewußte Komplexe, die durch Gegenbesetzung in der Verdrängung gehalten werden. Die Aufrechterhaltung der Spaltung in der deutschen Psychoanalyse der Nachkriegszeit als ein gruppendynamischer Abwehrprozeß war eine solche Gegenbesetzung. Sie hielt die vergangenheitsbezogenen Schuldkomplexe unbewußt und verhinderte die Anerkennung der Täterschaft. Sie bewirkte eine Isolierung "des Deutschen" in Gestalt der Neopsychoanalyse und verfestigte die Ausgliederung der DPG aus der Gemeinschaft der Freudianischen Gesellschaften.

Für die Gesamtentwicklung der Psychoanalyse in Deutschland bedeutete das eine schwerwiegende Beeinträchtigung ihrer Kompetenz. Die Neopsychoanalyse wurde teilweise zwar ungenannt rezipiert, sie fand tatsächlich aber keinen Anschluß an den immer pluralistischer werdenden Hauptstrom der psychoanalytischen Entwicklung. Dadurch blieb ein bedeutender Teil der deutschen Psychoanalytiker lange in der Isolierung trotz erheblicher Leistungen im klinischen Bereich. Die Verdrängung des Schuldkomplexes bewirkte darüber hinaus, daß der deutsche Beitrag zur Weiterentwicklung der Psychoanalyse begrenzt und speziell Ansätze zum Verständnis der menschlichen und gruppendynamischen Voraussetzungen der erschreckenden Vorgänge in der Nazizeit auf nur ganz wenige deutsche Beiträge beschränkt blieben.

In der DPG führte das Verblassen der neopsychoanalytischen Leitbilder nach dem Tode Schwidders und Riemanns in eine schwerwiegende Krise, die ich im folgenden Kapitel schildern werde. Sie fand in heftiger Selbstentwertung und in Minderwertigkeitsgefühlen ihren Ausdruck mit dem Tenor, DPG-Analytiker seien eigentlich gar keine rechten Psychoanalytiker. Als Projektionsschirm boten sich dafür realistisch wahrgenommene Defizite an, die während der neopsychoanalytischen Periode in Ausbildung, Krankheitsverständnis und Behandlungstechnik entstanden waren.

Diese Krise bewirkte eine Gruppendepression, die über Jahre anhielt. In ihr äußerte sich der Zusammenbruch der Gegenbesetzung gegen die Schuldangst. Solange die Schuld selbst jedoch nicht bewußtseinsfähig war, mußte die Lockerung der Abwehr zu neuen Abwehrformen führen. So entstand anstelle von Betroffenheit und Trauer über das Versagen der Analytiker der Vorgeneration im "Dritten Reich" eine destruktiv anmutende Abwendung der DPG von der Neopsychoanalyse und von Schultz-Hencke, die sich über Jahre mit eigentümlicher Lautlosigkeit vollzog (vgl. Grunert 1984). Man könnte auch von Tot-Schweigen sprechen. Aus der Perspektive der unbewußten Gruppenphantasie betrachtet, war es ein stillschweigendes Liquidieren des "gefährlich Deutschen" in der Psychoanalyse - nun innerhalb der DPG.

Auch an den regionalen Ausbildungsinstituten, die als "gemischte" Institute in unterschiedlichem Maße und nur mittelbar in Beziehung zur DPG standen, vollzog sich eine ähnliche Entwicklung. Damit vollzog ein Großteil der Analytiker in Deutschland die Rückwendung zu den Opfern nach, die Müller-Braunschweig und seine Gruppe 30 Jahre zuvor eingeleitet hatten.

Die Gefahren dieser Entwicklung liegen auf der Hand. Die eine ist die Fixierung der Neigung unter Psychoanalytikern zur Ausgrenzung - die Wiederholung der Isolierung von Minderwertigkeitsgefühlen durch Abspaltung und Projektion auf andere oder durch unbewußte Angriffe auf die eigene Gruppe. Die andere liegt in der Tatsache, daß eine stille Liquidierung nicht die Bindung lösen kann, von der sie befreien soll.

Tatsächlich hat eine offene und faire Auseinandersetzung mit der Neopsychoanalyse bis in die Mitte der 80er Jahre kaum stattgefunden. Die wenigen Ausnahmen - Thomä (1963), Lindner (1975), Beese (1978/79) fanden erstaunlich geringe Resonanz. Erst später ist die Diskussion in der DPG mit den Arbeiten von Christa Studt (1986), Hampel (1988) und Schulte-Lippern (1990) auf breiterer Ebene geführt worden. Demgegenüber trug das protrahierte Bemühen um die Refreudianisierung der Institute und Konzepte mit der Tendenz zur Verleugnung und Entwertung der Neopsychoanalyse die Zeichen eines Symptoms. Sie verdeckte den Einfluß, den die Konzepte Schultz-Henckes und Riemanns noch über lange Zeit hatten.

Die Rückschau auf die Geschichte der Psychoanalyse im und nach dem NS-Staat und der Versuch, die darin enthaltenen unbewußten Motive und Phantasien zu erfassen, kann die defensiven Strategien von psychoanalytischen Institutionen bewußter werden lassen. Das kann die Einsicht fördern, daß Psychoanalytiker mit Ausgrenzungen, Entwertungen, Ausschlußtendenzen und latenten Feindbildern dazu neigen, sich der gemeinsamen Verantwortung, z.B. für ihre Geschichte und die darin enthaltene Täterschaft, zu entziehen. Eine psychoanalytische Gemeinschaft, die die Täterschaft nicht in ihr Selbstbild integriert, wird indessen nicht dem aggressiven Potential in den unbewußten Phantasien gewachsen sein, die das Leben und die Umwelt heute - wie damals - aufs äußerste bedrohen.

3 Eine Krise psychoanalytischer Identität und die Wahrnehmung der Vergangenheit

Die mittlere Generation von Psychoanalytikern in Deutschland ist eine Generation, deren berufliche Sozialisation vom Umbruch geprägt war. Das gilt vor allem für Analytiker, die in der DPG in den 70er Jahren ihre Ausbildung gemacht haben. Als selbst Betroffener werde ich in diesem Kapitel darstellen, wie die Spaltung der Nachkriegs-DPG sich auf das Selbstverständnis dieser Generation ausgewirkt hat und wie dieses Selbstverständnis mit dem Nachlassen der "neopsychoanalytischen Identifikation" der damaligen DPG in eine Krise geriet, die lange anhielt.

Die Lehrjahre dieser Analytikergeneration vollzogen sich, speziell in der DPG und den mit ihr verbundenen Ausbildungsinstituten, in jener Zeit unter dem Zeichen weitreichender Veränderungen der theoretischen Konzepte und der analytischen Praxis.

Wandlungen in der deutschen Psychoanalyse um 1970

Ende der 60er Jahre geriet die Psychotherapie, und insbesondere die Psychoanalyse, in eine stürmische Bewegung, die dazu führte, daß sie im Versorgungsbereich und in der Wissenschaft, aber auch im öffentlichen Bewußtsein über Jahre einen ungewöhnlich anerkannten Stand erhielt. Der wirtschaftliche Wohlstand, gesundheitspolitische Strömungen und der durch die Studentenbewegung beeinflußte emanzipatorische Zeitgeist förderten ein breites Interesse am psychoanalytischen Gedankengut und an der analytischen Psychotherapie. Auf dieser Basis kamen zwei politische Entscheidungen zustande, die die ökonomische und wissenschaftspolitische Basis der Psychoanalyse veränderten und sicherten.

Psychoanalytische Behandlungen wurden in den Leistungs-katalog der gesetzlichen und in der Folge auch der privaten Krankenkassen aufgenommen. Das bedeutete eine tief-greifende Bereicherung des Versorgungssystems in der dama-ligen Bundesrepublik, die in dieser Hinsicht vorbildlich im internationalen Vergleich wurde. Für die Psychoanalytiker war sie eine Sicherung und Aufwertung ihrer Tätigkeit.

Die Neuregelung wirkte sich aber auch verändernd auf die interne Situation des Berufsstandes der Psychoanalytiker aus. Sie war nämlich damit verbunden, daß fortan nur Ärzte und Psychologen an der kassenfinanzierten Psychotherapie betei-ligt waren, jedenfalls in der Behandlung Erwachsener, und daß "Laienpsychoanalytiker", also Soziologen, Theologen usw. mit einer psychoanalytischen Ausbildung, von der Ver-sorgung ausgeschlossen wurden. Außerdem wurde die psycho-analytische Ausbildung in gesundheits- und standespolitische Verantwortlichkeiten eingebunden, d.h. die Psychoanalytiker verloren einen bedeutenden Teil ihrer Ausbildungsautonomie.

Auch die unmittelbare Behandlungspraxis geriet unter den Einfluß externer Regelungen: Die Durchführung psychoanaly-tischer Behandlungen wurde durch Psychotherapierichtlinien normiert. Ein Gutachterverfahren wurde eingerichtet, um die Indikationen im Sinne dieser Richtlinien zu bestätigen. Die Honorare wurden an Gebührenordnungen gebunden und über die kassenärztlichen Vereinigungen und nicht mehr direkt mit den Patienten abgerechnet. Die psychoanalytische Situation war damit durch die imaginäre Anwesenheit eines Dritten be-einflußt, die auch den Behandlungsprozeß veränderte.

Etwa gleichzeitig wurde die Psychotherapie als Psychoso-matische Medizin, aufbauend auf den Erfahrungen mit ersten Einrichtungen in München und Heidelberg, auch an den Uni-versitäten etabliert. Faktisch hielt damit die Psychoanalyse Einzug an den Medizinischen Fakultäten, weil die meisten Fachvertreter Psychoanalytiker waren. Auch das bewirkte eine Aufwertung und Stärkung des Selbstbewußtseins in der psy-choanalytischen Gemeinschaft.

Parallel zu diesen äußeren Veränderungen trat mit den 70er Jahren eine Umorientierung in Hinblick auf die theoretischen und behandlungstechnischen Konzepte ein, mit denen die Psychoanalytiker in Deutschland neuere Entwicklungen der internationalen Psychoanalyse nachvollzogen. Insbesondere Michael Balint und D.W. Winnicott wurden mit ihrem Verständnis der Frühstörungspathologie zu Wegbereitern einer Öffnung für die psychischen Prozesse im Bereich der "Grundstörung", dann vor allem auch Heinz Kohut mit seinem Narzißmus-Konzept und später Otto Kernberg mit den Arbeiten über die Borderline-Pathologie.

In der DPG war bis dahin die Neopsychoanalyse Schultz-Henckes das maßgebliche Konzept. Nach dem Tode von Schultz-Hencke im Jahre 1952 hatten vor allem seine Schüler Werner Schwidder in Tiefenbrunn bei Göttingen und Annemarie Dührssen als Leiterin des Instituts für psychogene Erkrankungen in Berlin, beide auch Vorsitzende der DPG, die neopsychoanalytische Tradition weitergeführt und ihren Einfluß gesichert. Außerdem hatte sich in München unter dem Einfluß von Fritz Riemann eine spezielle neopsychoanalytische Richtung entwickelt. Durch die Beschäftigung mit den ausländischen Autoren verringerte sich dieser Einfluß nun aber zusehends. Es kam zu einer zunächst zögernden, später immer stärkeren Rückwendung zu klassischen Positionen der Psychoanalyse und zu einer immer stärkeren Öffnung für neue Konzepte.

Dabei konzentrierte sich die Diskussion zunehmend auf die Frage nach der Bedeutung und dem Stellenwert der Übertragungs-Gegenübertragungs-Prozesse in der psychoanalytischen Behandlung. Diese Prozesse hatten als Zugang zum Verständnis des Unbewußten und als Medium der analytischen Therapie in der DPG unter dem Einfluß der Neopsychoanalyse bis dahin eine ausserordentlich randständige Bedeutung gehabt. Das änderte sich nun, als Balints Modell der Zwei-Personen-Psychologie immer stärker rezipiert wurde.

Erste Marksteine der neuen Strömung waren Heigls Arbeiten über die Gegenübertragung (z.B. 1966) gewesen. Die

Beschäftigung mit Balint fand 1972 durch Annemarie Dührssens Buch "Analytische Psychotherapie in Theorie, Praxis und Ergebnissen" einen deutlichen Niederschlag aus DPG-Feder. In diesem Buch traten die neoanalytischen Konzepte erstmals in ihrem Gewicht erkennbar zurück gegenüber traditionellen und den damals aktuellen entwicklungspsychologischen und objektbeziehungstheoretischen psychoanalytischen Positionen.

Symptome einer Krise

Gruppendynamisch betrachtet, führten all diese Neuerungen und Veränderungen in den 70er Jahren in eine tiefe Orientierungskrise. Was bisher selbstverständlich und sicher erschienen war, mußte neu durchdacht, neu definiert und konzipiert werden. Speziell in der DPG kam das Nebeneinander von Theorien und Konzepten erschwerend hinzu, aber auch zunehmende Divergenzen im praktischen Verständnis des Behandlungsprozesses und seiner Handhabung im Deutungsprozeß. Diese Veränderungen erschütterten in der DPG den Konsens.

In den Instituten und Arbeitsgruppen entstand nur zögernd eine Auseinandersetzung mit den konkurrierenden Konzepten. Thomäs (1963) Neopsychoanalysekritik scheint vor allem als ein Angriff der DPV auf die DPG erlebt worden zu sein und kränkend gewirkt zu haben. Sie war jedenfalls ohne überzeugende wissenschaftliche Reaktion geblieben. Zander u. Zander (1977) und Bach (1979) referierten Schultz-Hencke aus einer identifizierten Position. Auch Annemarie Dührssens (1979) Arbeit "Psychoanalyse und Neopsychoanalyse. Konvergenz oder Divergenz" brachte nach meiner Wahrnehmung keine Diskussion in Gang, die die auseinandergehenden Positionen in der DPG geklärt hätte.

Als erster äußerte sich Beese (1978/79) in seinen Vorlesungen am Stuttgarter Institut kritisch in Hinblick auf die Vereinbarkeit der beiden Richtungen und stellte "das grundsätzlich Andersartige" der Neopsychoanalyse fest. Aber diese

Vorlesungen blieben unveröffentlicht und fanden nur als Privatdruck Verbreitung.

Auch auf den Tagungen der DPG kamen die Divergenzen zwischen der Neopsychoanalyse und den neueren Entwicklungen explizit lange nicht zur Sprache. Stattdessen herrschte dort eine zunehmend spröde, manchmal auch paranoid getönte Atmosphäre, in der man eine untergründige Bedrohung und Angst erspüren konnte, bisweilen auch Resignation und Trauer.

In meinem persönlichen Miterleben fand diese Entwicklung ihren Höhepunkt auf der Jahrestagung im November 1983 in Freiburg, die unter dem Thema stand "Ziele der Psychoanalyse". Der Schlußvortrag fand am (Toten-)Sonntag in einem liladekorierten Saal im Kongreßhaus am Karlsplatz mit Blick auf die im Herbstgrau liegende Münsterfassade statt - eine Szene, die später von einem Kandidaten scherzhaft als Begräbnis karikiert wurde.

Tatsächlich aber begann hier der öffentliche Abschied der DPG von den Konzepten Schultz-Henckes. In einer langen Diskussionsbemerkung zum Schlußvortrag von Theodor Hau stellte Friedrich Beese, der damalige Vorsitzende, fest, daß das neopsychoanalytische Konzept in der Praxis gegenüber dem psychoanalytischen deutliche Nachteile habe. Maßgeblich sei, daß die Neopsychoanalyse die Übertragung nicht genügend berücksichtige und damit keine Basis für ein angemessenes Verständnis des psychoanalytischen Prozesses vermittle. Er berichtete, daß er aus diesem Grunde dahin gelangt sei, sich verstärkt an den Konzepten Freuds und der nachfolgenden psychoanalytischen Entwicklungen zu orientieren.

Zwei Jahre später wurde die Divergenz von Psychoanalyse und Neopsychoanalyse schließlich zum Thema eines ausführlichen Vortrages auf einer DPG-Tagung. Das war auf der Jahrestagung, die 1985 in Berlin stattfand. In ihrem Vergleich der beiden Theorien formulierte Christa Studt (1986) die These, daß die Neopsychoanalyse lange als eine Weiterentwicklung der klassischen Psychoanalyse Freuds fehlinterpretiert und die Unterschiede zwischen beiden Ansätzen dadurch verleugnet worden seien. Damit war der Weg zu einer öffentlichen Diskussion nun endgültig frei. Sie beherrschte die Tagungen der DPG in den folgenden Jahren und fand in einer Reihe von kontroversen Publikationen, vor allem im "Forum der Psychoanalyse", einen Niederschlag.

Die Zeit des Umbruchs in den 70er Jahren führte bei den Kandidaten, zu einer erheblichen Verunsicherung. Es gab keine Eindeutigkeit, an der wir uns für unsere ersten Analysen orientieren konnten, sondern viel Unverständnis, Sprachverwirrung und Unklarheit. Insbesondere waren die Auffassungen über die Behandlungstheorie und Technik unklar. Selbst in den Einstellungen einzelner Ausbildungsanalytiker gab es Brüche und Widersprüche.

Die Aufklärung der Unsicherheiten und Verwirrung wurde nach meinem heutigen Verständnis vor allem dadurch erschwert, daß die Auseinandersetzung mit den Konzepten der Neopsychoanalyse ein irrationales Loyalitätsproblem der DPG gegenüber Schultz-Hencke berührte. Einerseits war durch die Rezeption neuerer Entwicklungen über die Literatur nicht mehr zu verkennen, daß die Neopsychoanalyse stagnierte, jedenfalls für ein zeitgemäßes Verständnis des analytischen Prozesses nicht mehr ausreichte. Bahnend wirkte dabei das Lehrbuch der klassischen Behandlungstheorie von Greenson (1967), das 1973 in deutscher Übersetzung erschienen war. Andererseits hatte Schultz-Hencke in der damailgen DPG noch eine besondere, einigende gruppendynamische Funktion, deren Bedeutung aber noch nicht erkannt und deren Infragestellung mit irrationalen Ängsten verknüpft war.

Im Konflikt zwischen wissenschaftlicher Erkenntnis und irrationaler Loyalität entstand in diesen Jahren in der DPG ein unausgesprochenes Programm, das man mit der Formel "Freud plus Schultz-Hencke" beschreiben kann. Es war eine typisch defensive Kompromißbildung. Doch die Synthese, die es versprach, war nicht einzulösen, wenn man Freud ernst nahm, weil es sich um zwei grundsätzlich verschiedene und nicht um sich ergänzende theoretische Ansätze handelte (Studt 1986, Schulte-Lippern 1990). Diese Unterschiede mußten aber aus defensiven Gründen verharmlost oder verleugnet werden. Dadurch wurde die Klärung verhindert und die Unsicherheit vertieft.

Als die Neopsychoanalyse nun aber doch auch kritischer betrachtet wurde, richtete sich zunehmend die Aufmerksamkeit auch auf die Gruppendynamik der Gesellschaft und auf die Funktion, die die starke Orientierung an der Person und am Werk von Schultz-Hencke noch 20 Jahre nach seinem Tode dabei spielte. Dabei wurde auch stärker bewußt, daß die Wurzeln der psychoanalytischen Gruppenidentität der DPG nicht wirklich, wie der Zusatz zu ihrem Vereinsnamen vorgab, bis ins Jahr 1910 zurückreichten. Es wurde immer deutlicher, daß bereits die Verbundenheit mit Freud und seinem Werk widersprüchlich war und daß diese Ambivalenz den Blick für die Gegensätze zwischen seiner Psychoanalyse und der Neopsychoanalyse Schultz-Henckes verstellte.

Darüber hinaus verband die damalige DPG nur wenig mit den Analytikern der alten Vorkriegs-DPG. Die Vertrautheit mit den Werken von Autoren wie Abraham, dem DPG-Gründer, Rank, Ferenczi oder Simmel war gering. Ein Gefühl der zurückreichenden Kontinuität des psychoanalytischen Selbstverständnisses reichte bei vielen nur bis zu den Wiedergründern von 1946 und richtete sich vor allem auf Schultz-Hencke, auf Schwidder, vielleicht noch auf Künkel und Kemper.

Aber auch die Beziehung zur Psychoanalyse der Gegenwart war spärlich. Die Psychoanalytiker außerhalb der eigenen Gesellschaft standen uns fern, die Arbeiten aus der DPG wurden "draußen" nicht zitiert. Psychoanalytiker aus dem Ausland, auch die, deren Namen "vor dem Krieg" auf den Listen der DPG gestanden hatten, kannten wir nur aus den Übersetzungen in der "Psyche", die uns inzwischen als "DPV-Zeitschrift" erschien. Zu den internationalen Tagungen der IPV reisten nur ganz wenige der DPG-Analytiker. Und die Bedeutung der "eigenen" internationalen Föderation, der 1962 gegründeten, damals noch neopsychoanalytisch orientierten IFPS, war gering, zumal die dort zusammengeschlossenen

Analytiker uns in der Literatur kaum begegneten und daher wenig interessierten. Wir waren, auch im geistigen Leben unserer Gruppe, weitgehend auf den kleinen Bereich der damaligen DPG begrenzt.

Damit entstanden Fragen nach den Ursachen für diese Isolierung. Sie kreisten vor allem um die Abspaltung der DPV, die Freud und der Psychoanalyse im Ausland soviel näher schien, und um die Beziehung bzw. Nichtbeziehung zur IPV. Wie war es zu all dem gekommen?

Die Geschichte wird lebendig

Der Dialog mit den Älteren begann. Manche unserer Fragen nach der Vergangenheit erweckten bei ihnen Enttäuschung und gaben uns Fragenden ein Gefühl, nicht mit der DPG (und Schultz-Hencke) loyal zu sein. Es gab Vorwürfe und Anklagen gegen die DPV, der die "Schuld" an der Spaltung von 1950 gegeben wurde. Das Klima dieser Gespräche machte eine Klärung der sachlichen Fragen über lange Zeit kaum möglich und verhinderte auch die anstehende Theoriediskussion.

Aber die Fragen gingen weiter. Und je mehr uns die Schriften beschäftigen, die von "draußen" zu uns herüberkamen, um so stärker wurden die Fragen nach dem Sinn eines Selbstverständnisses in der Abgrenzung. Diese Fragen gelangten natürlich auch in die Lehranalysen und ließen Ängste spürbarer werden, die mit ihnen verbunden waren. Es waren Ängste vor dem Verlust eines "Führers", vor einem Verrat am einigenden und schützenden geistigen Konsens, vor Diskriminierung und Ausstoßung aus den eigenen Reihen, aber auch Ängste zu fragen, zu kränken und zu verletzen. Auch die Angst, die Gesellschaft, die wir für unsere Identifizierung brauchten, könne das Gesicht verlieren und das leitende Konzept seine schützende Kraft, kamen auf.

Je mehr in den folgenden Jahren Beängstigungen und Projektionen nachließen, um so stärker wuchs die Offenheit in der Diskussion und die Bereitschaft vieler DPG-Analytiker zur kritischen Betrachtung der bisherigen Entwicklung und der eigenen Wurzeln. Viele von uns haben sich damals ermutigt und bestätigt gefunden, weiter kritischen Fragen nachzugehen, Fragen nach dem Woher der damaligen älteren Generation. Natürlich waren dies Fragen nach dem Schicksal der Eltern. Aber je mehr diese sich in den Analysen klärten, um so deutlicher wurde auch, daß unser Selbstverständnis als Psychoanalytiker in Deutschland eng verwoben war mit einer Geschichte der Psychoanalyse, die einen zunächst unverständlichen Bruch aufwies. Es wurde aber immer deutlicher, daß dieser Bruch etwas mit der Nazi-Zeit zu tun hatte, mit dem Schleier, der für uns damals noch über der Geschichte der Psychoanalyse im NS-Staat lag, und mit der merkwürdigen und undurchschaubaren Gruppendynamik der Spaltung, die sich anschloß.

Die Erkundung der historischen Fakten ging parallel mit inneren Prozessen, die bei den einzelnen sehr unterschiedlich gewesen sein werden. Die Spaltung der DPG mag vielen als Parallele zur Teilung unseres Landes erschienen sein. Für Heimatvertriebene wie mich selbst mag Vertreibung aus der Heimat eine Parallele im Ausschluß aus der IPV gefunden haben. Die Sehnsucht nach Eltern mag in vielen lebendig geworden sein, die die Macht gehabt hätten, Spaltung und Vertreibung zu verhindern, die Sehnsucht nach Helden, die sich Hitler offen widersetzt hätten. Unerträglich ist den meisten die historische Mitverantwortung für die Brutalität der Nazi-Herrschaft erschienen, unvergeßlich, im Nachspüren eigener Destruktivität zu begegnen und im Erkennen zu begreifen, darüber entsetzt zu sein und zu bedauern.

Damals beschäftigten wir uns erstmals mit den beschämenden Ereignissen, die die Geschichte der Psychoanalyse im Nationalsozialismus geprägt haben: Mit der Verbrennung von Freuds Schriften, mit dem Ausschluß der jüdischen Psychoanalytiker aus der DPG und ihrer Vertreibung, mit der "Selbstgleichschaltung" und der Anpassung.

Mit der Kenntnis der historischen Fakten wuchs das Bedauern und der Wunsch, wiedergutzumachen. Aber es wuchs auch die Möglichkeit, sich in die inneren Nöte derjenigen Analytiker einzufühlen, die jahrelang unter einer vagen Bedrohung durch das NS-Regime gelebt und gearbeitet hatten und sehr unmittelbar am Schicksal der jüdischen Kollegen teilgenommen oder dieses sogar mitbestimmt hatten. Wie erdrückend müssen Schuld und Bedürfnisse nach Wiedergutmachung auf ihnen gelastet haben, als 1945 das ganze Ausmaß von Brutalität und Zerstörung offenbar wurde!

So wurde uns auch verständlich, daß die Psychoanalytiker, die im NS-Staat weitergearbeitet hatten, nun nach dem Ende des Terrors als Gruppe mit einem autodestruktiven Akt auf die wiedergewonnene Freiheit reagierten: Mit der Zerstörung der aufgelösten und wiedergegründeten DPG. Das erschien uns als ein Akt der Selbstbestrafung vor dem Hintergrund unerträglicher Schuld und Scham über das, was im "Dritten Reich" geschehen war. Die Tatsächlichkeit des Geschehenen verhinderte eine Bewältigung in der Phantasie und drängte zum Handeln.

So klärte sich die Spaltung als ein gruppendynamischer Versuch einer Bewältigung, nämlich als ein Gruppensymptom eines unbewältigten Schuldkomplexes. Die divergierenden Entwicklungen in der "Arbeitsgruppe A" des "Reichsinstituts", die sich nach dem Ende der NS-Zeit im Versuch der Wiederannäherung an die IPV polarisierten, wurden nun zum Kristallisationspunkt einer irrationalen Großgruppendynamik. Sie bewirkte, daß das Thema Schuld und Sühne nun zu einer kollektiven narzißtischen Regression kumulierte.

Dadurch wurden aus der pluralistischen psychoanalytischen Gesellschaft, welche die DPG bis dahin gewesen war, nun zwei Blöcke, die sich immer weiter von einander entfernten: Die "Bewahrer" und die "Opportunisten". Die einen, nämlich die neugegründete DPV, wurden schließlich von der IPV wieder angenommen, während die anderen, also die "Rest-DPG", draußen bleiben mußten. So gab es nur noch schwarz oder weiß, und wer sich nicht der einen Gruppe anschloß, gehörte zur anderen. Dabei spielte die tatsächliche wissenschaftliche Orientierung der Einzelnen für das Fremdverständnis von außen kaum noch eine Rolle.

Nach Baumeyer (1971) war es zahlenmäßig eine Minorität der Mitglieder der DPG, die 1950 nach der Abspaltung der DPV in der alten Gesellschaft als Neopsychoanalytiker verstand. Aber Gruppen beziehen ihre Identität nicht nur aus ihrem Binnenverständnis, sondern zu ihrer Identität trägt auch bei, wie sie von außen gesehen werden. So wurde die DPG, die 1950 noch eine Gruppe aus Neopsychoanalytikern und Freudianern war, in den folgenden Jahren immer stärker eine neopsychoanalytische Gesellschaft. Auch wer sich mit Schultz-Henckes Konzept nicht identifizierte, wurde von außen mit der neopsychoanalytischen Gruppe identifiziert. Ohne diese Großgruppendynamik hätte die Neopsychoanalyse vermutlich nie das Gewicht und den Einfluß in der DPG gewonnen, das sie in den 50er Jahren erhielt.

Spaltungen hat es in der Psychoanalyse davor und danach immer wieder gegeben. Ihre Dynamik hat Cremerius (1982) ausführlich gewürdigt. Die Tragik der Spaltung der deutschen Psychoanalyse von 1950 ist es, daß sie eine unbewußte Gruppenabwehr im Dienst einer *Schuldbewältigung* war. Sie war wahrscheinlich unvermeidlich, weil die Schuld tatsächlich bestand und in einem größeren Rahmen stand, der nicht zu bewältigen war. Die Tragik dieser Entwicklung besteht darin, daß die Schuld durch diese Dynamik lange unbewußt blieb und nicht in das Selbstverständnis der Psychoanalytiker in Deutschland einbezogen werden konnte.

Nach und nach begannen wir Kandidaten der 70er Jahre, diese Dynamik zu begreifen und deutlicher zu spüren, daß sie unsere eigene Situation determinierte. So wuchs ein Unbehagen an einer Identität, die wir als eine Identität der Abgrenzung und der Isolation erkannten. Es äußerte sich als ein bisweilen bedrückendes Gefühl der Minderwertigkeit als Psychoanalytiker und war mit einer Idealisierung der DPV verknüpft. Es wurde in der Überempfindlichkeit dafür, von DPV-Kollegen als Psychoanalytiker nicht genügend anerkannt zu werden, am deutlichsten spürbar.

Dieser Komplex hatte zwei Aspekte. Der eine war ein direktes Erbe der unbewußten Spaltungsmotive. Unser Anteil an der Verarbeitung unseres historischen Schuldkomplexes war die Identifikation mit der Dissidenz Schultz-Henckes. Sie eskalierte in diesen Jahren zu einem irrationalen Minderwertigkeitskomplex angesichts der nicht mehr zu verleugnenden Wahrnehmung, daß die DPG darüber zunehmend den Anschluß an den Hauptstrom der psychoanalytischen Entwicklungen verloren hatte.

Der zweite Aspekt bestand in der Identifikation mit der Zuschreibung des "Unwerten", des "minderwertigen Psychoanalytikers", aufgrund der Beschlüsse der IPV, die die provisorische Mitgliedschaft der Nachkriegs-DPG auf dem internationalen Kongreß in Amsterdam 1951 löschte, nachdem sie die abgespaltene DPV als Mitglied aufgenommen hatte. Sie implizieren, daß die DPG in der Entwicklung einer Freudianischen psychoanalytischen Kompetenz, wie die IPV sie verstand, rückständig sei. Diese Zuschreibung war einerseits eine realistische Einschätzung des tatsächlichen Einflusses, den die Neopsychoanalyse damals in der DPG bereits hatte. Sie bewirkte aber im Sinne einer Rückkopplung, daß die DPG sich in der Folgezeit auch immer stärker am Konzept der Neopsychoanalyse orientierte und dadurch den Kontakt zu den Hauptströmen der internationalen Psychoanalyse erst sehr spät zurückgewann.

Tatsächlich begann erst in den 60er Jahren eine größere Zahl der DPG-Analytiker, ausgehend von Göttingen, sich ausführlicher mit neueren psychoanalytischen Theorien zu befassen. Dabei spielte die offene Haltung von Schwidder, dem einflußreichsten Schüler Schultz-Henckes, eine bedeutsame Rolle, der die psychoanalytische Klinik in Tiefenbrunn bei Göttingen leitete, ein Zentrum der damaligen DPG, und 1958 bis 1970 auch DPG-Vorsitzender war.

Doch noch in den 70er Jahren taten viele DPG-Analytiker sich schwer mit den neueren Einsichten über den psychoanalytischen Prozeß, die Übertragung und speziell die Gegenübertragung. Nur mühsam konnte sich das interaktionelle Denken gegenüber dem strukturell-kategorisierenden Ansatz in der DPG durchgesetzen. Und es gab in der DPG noch lange die Meinung, daß niederfrequente Lehranalysen genügend Selbsterfahrung für den Umgang mit der therapeutischen Regression ermöglichen und daß tiefergehende Regressionen für die Selbstanalyse verzichtbar und für die Behandlung besser zu vermeiden wären.

Dieses Theorie- und Therapieverständnis brachte die damaligen DPG-Analytiker und Kandidaten leicht in ein Hintertreffen, das ihr Selbstbewußtsein zu recht beeinträchtigte, wenn sie in Seminaren, auf Kongressen und über die Literatur mit dem internationalen Ausbildungsstandard in Berührung kamen, der in Deutschland von der DPV vertreten wurde.

Die Krise des damaligen Selbstverständnisses kann man daher nicht einfach als ein irrationales Unterlegenheitsgefühl beschreiben. Es hatte auch damit zu tun, daß die neopsychoanalytischen Konzepte, die bis in die 70er Jahre gelehrt wurden, tatsächlich keinen Anschluß mehr an die internationale Entwicklung hatten. Insofern ist die DPG, solange sie an diesen Konzepten festgehalten hatte, tatsächlich auch in die Tradition der isolierten "Arbeitsgruppe A" des "Reichsinstituts" eingebunden gewesen.

Die Krise der 70er Jahre war deshalb nicht einfach ein Konflikt um eine Theorie, sondern eine Krise auf der Basis einer erschütterten psychoanalytischen Identität. Es ging um das Selbstverständnis als psychoanalytische Gruppe, um die Stellungnahme zu ihrer Vergangenheit, um die Loyalität der Gesellschaft gegenüber Schultz-Hencke und die Rückwendung zu Freud. Es ging zunehmend aber auch um das Fremdverständnis, dem wir von außen begegneten, und das nicht mehr zu dem Binnenverständnis paßte, das sich in diesen Jahren veränderte.

Mitte der 80er Jahre hatte die DPG die Identifizierung noch nicht überwunden, die sie lange an die "Arbeitsgruppe

A" des "Reichsinstituts" band. Es erforderte noch mehrmals dieselben Fragen und schmerzhaften Antworten im Wechsel der Generationen, um eine erneuerte Identität als Psychoanalytiker in Deutschland und in der DPG zurückzugewinnen. Zu dieser "neuen" Identität gehört die Akzeptanz der Epoche des Überdauerns der Psychoanalyse im NS-Staat und die Akzeptanz der darauffolgenden Spaltung und ihrer historischen und gruppendynamischen Hintergründe. Dazu gehört, speziell für die DPG-Analytiker, auch die Akzeptanz der neopsychoanalytischen Epoche in der DPG, die sich anschloß.

Für die DPG wäre fatal, wenn nach der Anerkennung der Geschichte im "Dritten Reich" die neopsychoanalytische Epoche der Nachkriegsgeschichte der Verdrängung und Verleugnung zum Opfer fallen und nicht verarbeitet werden würde.

4 Über Freud, die Vergangenheit der Psychoanalyse und ihre Gegenwart

Anläßlich des 80. Geburtstages von Sigmund Freud hielt Thomas Mann am 8. Mai 1936 in Wien eine berühmt gewordene Rede. Er nannte sie "Freud und die Zukunft". "Zukunft", sagte er, "- ich habe das Wort in den Titel meines Vortrages aufgenommen, einfach, weil der Begriff der Zukunft derjenige ist, den ich am liebsten und unwillkürlichsten mit dem Namen Freud verbinde" (Mann 1978, S. 190). Diese Rede enthielt die Hoffnungsphantasie eines "Humanismus, der durch vieles hindurchgegangen sein wird, von dem frühere Humanismen nichts wußten, ... der zu den Mächten ... des Unbewußten ... zu einem keckeren, freieren und heiteren, einem kunstreiferen Verhältnis stehen wird, als es einem in neurotischer Angst und zugehörigem Haß sich mühenden Menschentum von heute vergönnt ist" (ebd.).

Vergegenwärtigt man sich den zeitgeschichtlichen Hintergrund des Jahres 1936, dann klingen in dieser Hoffnungsphantasie, aus deutschem Munde und in deutscher Sprache gesprochen, angesichts der düsteren Wolken, die über Freud, den Juden und der Psychoanalyse damals aufgezogen waren, auch böse Zukunftsahnungen mit.

Freud selbst hatte zwei Jahre zuvor an seinen Sohn geschrieben: "Die Zukunft ist ungewiß, entweder ein österreichischer Fascismus oder das Hakenkreuz" (Freud 1934 [1980] S. 434). Über den Haß schrieb er im gleichen Jahr an Arnold Zweig: "Angesichts der neuen Verfolgungen fragt man sich wieder, wie der Jude geworden ist, und warum er sich diesen unsterblichen Haß zugezogen hat" (S. 436). Im Alter von 81 Jahren schrieb er schließlich an Stefan Zweig: "Meine Arbeit liegt hinter mir ... Niemand kann vorhersagen, wie spätere Zeiten sie einschätzen werden ... Die nächste Zukunft sieht trübe aus, auch für meine Psychoanalyse. Jedenfalls in den Wochen oder Monaten, die ich noch zu leben habe, werde ich nichts Erfreuliches erleben. - Ganz gegen meine Absicht bin ich ins Klagen gekommen. Ich meine, ich wollte mich ihnen menschlich annähern, ich wollte nicht als der Fels im Meere gefeiert werden, gegen den die Brandung vergeblich anstürmt. Aber wenn mein Trotz auch stumm bleibt, bleibt er doch Trotz, und - *impavidum ferient ruinae* [die Trümmer treffen ein furchtloses Herz]" (S. 454, 523).

Anläßlich des 50. Todestages von Freud kam mir als damaligem Vorsitzenden der DPG die Aufgabe zu, Freud zu würdigen. Diese Aufgabe erzeugte in mir zunächst eine Sprachlosigkeit, der ich mich nur mühsam entziehen konnte. Denn Freud in der DPG zu ehren, die durch ihre Geschichte im Nationalsozialismus auf fatale Weise in das Schicksal der deutsch-jüdischen Psychoanalytiker im "Dritten Reich" verstrickt ist, bedeutete, daß es um die schmerzliche Beschäftigung mit dem Thema "Juden und Deutsche" gehen mußte, um die Anpassungsgeschichte der nichtjüdischen Psychoanalytiker im "Dritten Reich" und um Identifikationen, die uns deutsche Psychoanalytiker 50 Jahre nach dem Tode Freuds mit dieser Vergangenheit verbinden. Statt "Freud und die Zukunft" wählte ich daher das Thema "Freud, unsere Vergangenheit und Gegenwart". Die folgenden Passagen folgen dem Duktus und im Wesentlichen auch den Formulierungen der damaligen Rede.

Polarisierung statt Auseinandersetzung mit der Vergangenheit

In der anfänglichen Auseinandersetzung mit der Geschichte der Psychoanalyse im Nationalsozialismus standen sich über lange Zeit zwei Auffassungen polar gegenüber. Die eine war lange die Sichtweise der Nachkriegs-DPG und wurde von Baumeyer (1971) auf die Formel gebracht: "Die Psychoanalyse ist in Deutschland ... durch das kompromißhafte Vorgehen der DPG erhalten geblieben" (S. 207). Für die andere prägte Thomä (1963/64) die Formel: "Die Psychoanalyse war in Deutschland in jeder Hinsicht zerstört worden ... Die psychoanalytische Wissenschaft stand 1945 praktisch auf dem Nullpunkt" (S. 69). Diese Sichtweise entsprach weitgehend jener der DPV, die, wie im vorigen Kapitel dargestellt, 1950 durch eine Abspaltung aus der Nachkriegs-DPG hervorgegangen war.

Statt die Geschichte also anhand von Fakten zu erkunden, hingen beide Gesellschaften lange kontroversen Legendenbildungen an; einer "Legende von der 'Rettung' der Psychoanalyse (DPG) bzw. von deren 'Liquidation' und dem Neubeginn am Punkt Null (DPV)" (Lohmann 1984, S. 9). Die damit verknüpfte Polarisierung war eine Abwehrformation und diente dazu, das Verhalten der nichtjüdischen Psychoanalytiker unter dem Nationalsozialismus zu rechtfertigen oder zu verleugnen.

Beide Nachfolgegesellschaften der Nachkriegs-DPG, die heutige DPG und die DPV, erkennen inzwischen an, daß die nichtjüdischen deutschen Psychoanalytiker im "Dritten Reich" sich durch rassistische Entscheidungen tief in Schuld gegenüber den jüdischen Mitgliedern der Vorkriegs-DPG verstrickt hatten und durch Zugeständnisse an den Nationalsozialismus substantiellen Einbußen der psychoanalytischen Praxis und Wissenschaft Vorschub geleistet haben. Beide Gesellschaften sehen aber auch, daß in der "gleichgeschalteten" Nachfolgeorganisation der psychotherapeutischen Gruppierungen im NS-Staat, dem sog. Reichinstitut, eine qualitativ reduzierte Psychoanalyse überdauert hat.

Die Frage, die sich an die Vergangenheit der DPG im "Reichinstitut" knüpft, heißt deshalb inzwischen nicht mehr: Rettung oder Liquidation? Die Frage ist vielmehr, welche Identifikationen diese Geschichte bewirkt hat, in der eine Liquidierung der Psychoanalyse durch Kompromisse mit der antisemitischen Ideologie und Politik des damaligen Staates verhindert wurde.

Die Geschichte der Psychoanalyse im NS-Staat wäre viel leichter zu ertragen gewesen und hätte nicht mystifiziert werden müssen, wenn die DPG dem Rassismus nicht voreilig in den eigenen Reihen Raum gegeben hätte. Die Selbstachtung der deutschen Psychoanalytiker wäre weniger beschädigt, wenn mit dem Ausschluß der jüdischen Mitglieder nicht nur ein einziger Nichtjude, nämlich Bernhard Kamm, ausgetreten und emigriert wäre, sondern die Mehrheit der nichtjüdischen Mitglieder. Wenn bei der Einrichtung des "Reichsinstituts" anstelle des Kooperationsbeschlusses ein Beschluß zur Selbstauflösung der DPG gestanden hätte, dann hätten deutsche Psychoanalytiker heute eine andere, eine freiere Beziehung zu Freud und womöglich auch eine weniger ambivalente zur Psychoanalyse, die sie praktizieren.

Doch die Psychoanalytiker waren unter dem Nationalsozialismus keine Helden. Nur wenige erkannten, "daß die Abgrenzung von der herrschenden Ideologie unter den Bedingungen eines Terrorregimes bei ständigen Kompromissen mit diesem Regime nicht möglich ist und daß einzig die aktive Teilnahme am politischen Widerstand verhindern konnte, daß Teile der Nazi-Ideologie internalisiert wurden" (Brainin u.a. 1982, S. 995).

John Rittmeister ging in den Widerstand und wurde hingerichtet. Richard Sterba, der dessen Stelle als Leiter der Berliner Poliklinik angeboten erhielt, lehnte ab und emigrierte. Gegenüber Freud soll er zur Begründung gesagt haben, er sei als Nichtjude der Gefahr der Anpassung noch viel stärker ausgeliefert gewesen als die Juden (nach Brainin u.a. 1982). Beide sind einsame Vorbilder geblieben.

Wenn man sich von der Polarisierung "Rettung oder Vernichtung?" löst, dann ergibt sich die schmerzliche und beschämende Erkenntnis, daß (natürlich) auch Psychoanalytiker aus Angst oder Vorteilsdenken dazu gelangen können, sich und die Psychoanalyse in den Dienst eines inhumanen Systems zu stellen. Der Beruf des Psychoanalytikers schützt (natürlich) nicht vor fragwürdigen Kompromissen und moralischen Niederlagen. Ein psychoanalytisches Introjekt ist kein Fels in der Brandung politischer Katastrophen.

Das Ideal eines psychoanalytischen Introjektes von Unbestechlichkeit und Unerschrockenheit wird durch die unideologische Begegnung mit der historischen Vergangenheit auf ein realistisches Maß reduziert. Diese Entidealisierung der Psychoanalyse kann nur guttun, denn sie öffnet den Weg für Trauer und Bedauern und ermöglicht eine realistische Sicht der Psychoanalyse.

Die Spaltung des psychoanalytischen Introjekts

Seit die Geschichte der Psychoanalyse im NS-Staat nicht mehr unter dem Blickwinkel Rettung *oder* Liquidation betrachtet wird, wird erkennbar, daß die im NS-Staat verbliebenen Psychoanalytiker ihre Identität als Psychoanalytiker substantiell veränderten.

Die historischen Ereignisse wurden im 1. Kapitel erwähnt. Sie zeigen, wie die Psychoanalytiker in ein Spannungsfeld zwischen psychoanalytischer Identität und nationalsozialistischer Ideologie gerieten und eine Anpassung vollzogen, in der ihre Identifikation mit Freud zerbrach. Das entscheidende äußere Zugeständnis an den Nationalsozialismus und seine "deutsche Seelenheilkunde" war die "Arisierung" der Psychoanalyse und ihrer Organisation. Sie führte bis hinein in den Gebrauch der psychoanalytischen Begriffswelt, wo Termini wie "Ödipuskomplex" verpönt waren. Im Bereich der Sprache zeigte sich damit bereits eine Anpassung an die Ideologie der Nazis, die Freuds Werk als "jüdische Wissenschaft" verbrannten: "Gegen seelenzersetzende Überschätzung des Trieblebens, für den Adel der menschlichen Seele! Ich übergebe dem Feuer die Schriften der Schule Sigmund Freuds." [9]

Freud selbst hat die Psychoanalyse meines Wissens niemals als eine jüdische Wissenschaft betrachtet. Er konstatierte zwar, daß es "vielleicht auch kein bloßer Zufall (ist), daß der erste Vertreter der Psychoanalyse ein Jude war" (1925, S. 110), dieser "Umstand" habe "an der Antipathie der Umwelt gegen die Psychoanalyse Anteil gehabt" (ebd.). "Wenn ich Oberhuber hieße, meine Neuerungen hätten trotz alledem weit

---

9   "Feuerspruch" bei der Verbrennung der Werke Freuds.

geringeren Widerstand gefunden" (Brief an Abraham vom 23.7.1908).

1918 schrieb er an Pfister: "Warum hat keiner von all den Frommen die Psychoanalyse geschaffen, warum mußte man da auf einen gottlosen Juden warten?" Und schließlich 1926 an Morselli: "Ich weiß nicht, ob ihr Urteil recht hat, welches in der Psychoanalyse ein direktes Ergebnis des jüdischen Geistes erkennen will, aber wenn es so wäre, würde ich mich nicht beschämt fühlen."

Vor diesem Hintergrund hat die Unterwerfung unter die diffamierende Ideologie Hitlers und das Ausbleiben eines aktiven Widerstandes gegen die nationalsozialistische Rassenpolitik Fakten geschaffen, die die Beziehung der Nichtjuden in der DPG zur Psychoanalyse grundlegend veränderten. Die Fakten waren

- "Einwertung". Das waren die von Müller- Braunschweig (1933) so bezeichneten Zugeständnisse an die Ziele der neuen "Lebensauffassung". Sein Beitrag "Psychoanalyse und Weltanschauung" und Schultz-Hencke (1934) Aufsatz über die "Tüchtigkeit als psychotherapeutisches Ziel" sind dafür beredte Dokumente.
- "Arisierung". Das war der Ersatz von Max Eitingon als Juden durch die Arier Carl Müller-Braunschweig und Felix Boehm im DPG-Vorstand und schließlich der Ausschluß der Juden von der Mitgliedschaft.
- "Gleichschaltung": Das war die Eingliederung der DPG als "Arbeitsgruppe A" in das "Reichsinstitut" durch einen Beschluß der Mitgliederversammlung.

Diese Fakten schufen nach dem Ausschluß der jüdischen Mitglieder für die Rest-DPG zwei Arten von Psychoanalyse. Die eine Art war eine "deutsche" im Sinne der herrschenden Ideologie. Sie hatte durch ihre "Einwertungen" die für die Psychoanalyse spezifische Freiheit eingebüßt und sich in den Dienst einer "heroischen, realitätszugewandten, aufbauenden Lebensauffassung" (Müller-Braunschweig, 1933, S. 22) gestellt. Die andere Art war die Psychoanalyse der Emigration und vielleicht des Untergrunds, die durch den Ausschluß der

Juden "jüdisch" wurde, indem in Deutschland kein Platz mehr für sie war.

So hatten die Nichtjuden durch Anpassung geschaffen, was es eigentlich gar nicht gab: Eine "deutsche" und eine "jüdische" Psychoanalyse. Sie hatten zerstört, was sie durch die Zugeständnisse gerade schützen wollten: Die Unversehrtheit von Freuds Lehre. Freud hatte noch 1936 geschrieben: "Ich lege keinen Wert darauf, daß mein Name in Deutschland erwähnt wird, solange mein Werk dort richtig vertreten wird" (Jones 1957, Bd. 3, S. 224). Eben das war im "Dritten Reich" nun aber nicht mehr der Fall.

Darüber hatte sich auch die Praxis verändert: Zu den unabdingbaren Voraussetzungen der Psychoanalyse gehört, daß der Analytiker tolerant gegenüber Meinungen und Glaubenssätzen von Analysanden ist und daß das Staatswesen diese Toleranz garantiert (Loch 1986). Diese Voraussetzung war im Nationalsozialismus durch das herrschende Spitzelwesen unterlaufen. Wie im 1. Kapitel schon erwähnt, faßte die DPG nach der Festnahme von Edith Jacobson als politische Gefangene sogar den Beschluß, keine politisch aktiven Patienten mehr zu behandeln.[10]

Hier geht es um Fakten, die von den nichtjüdischen Psychoanalytikern nicht nur durch Duldung, sondern zum Teil auch aktiv geschaffen worden sind. Darin wird eine Tendenz zur vorwegnehmenden Unterwerfung spürbar. Sie beruht auf einer Reaktionsbildung gegen den Sadismus im Selbst, der projektiv nach außen verlagert wird. Er findet in der Phantasie Befriedigung, selbst Opfer zu sein. Zur Rechtfertigung mag dabei - im historischen Kontext - die Unentschlossenheit der IPV-Politik in den 30er Jahren gedient haben, die vom IPV-Präsidenten Jones repräsentiert wurde, vielleicht aber auch die resignative Haltung des greisen Freud gegenüber der nationalsozialistischen Bedrohung.

Das Ergebnis jedenfalls war die Spaltung des psychoanalytischen Introjektes in zwei Teilidentitäten: Eine "deutsche" im Sinne der "deutschen Seelenheilkunde" und eine "jüdische",

---

10 Brief von Jones an Anna Freud vom 14.11.1935.

die sich aus der verbliebenen beschädigten Identifikation mit dem vertriebenen, kranken und alternden Freud, seinem verbrannten Werk und seinem angegriffenen Volk ergab. Die Psychoanalytiker, die im "Reichsinstitut" weitermachten, verloren damit den Schutz eines unbeschädigten psychoanalytischen Introjektes. Wie sollten sie nun, ohne diesen Schutz, dem Unbewußten begegnen, und wie hätten sie ein unbeschädigtes psychoanalytisches Introjekt den nachkommenden Generationen weitergeben können?

Freud hat sich gegenüber dem Nationalsozialismus 1926 sehr deutlich abgegrenzt: "Meine Sprache ist Deutsch," soll er 1926 gesagt haben, "meine Kultur, meine Erziehung sind deutsch. Ich hielt mich geistig für einen Deutschen, bis ich das Anwachsen des Antisemitismus in Deutschland und Deutsch-Österreich bemerkte. Seitdem ziehe ich es vor, mich einen Juden zu nennen" (zit. nach Gay 1978, S. 112).

Doch seine Haltung war in den darauffolgenden Jahren nachgiebig und zu Kompromissen bereit. Er war damals allerdings auch bereits ein Mann von 80 Jahren, durch sein Krebsleiden geschwächt und tief gezeichnet. Er hat auf die Bedrohung resigniert reagiert. So soll er die Bücherverbrennung sarkastisch kommentiert haben: "Was wir für Fortschritte machen! Im Mittelalter hätten sie mich verbrannt, heutzutage begnügen sie sich damit, meine Bücher zu verbrennen!" (nach E. Freud u.a. 1976, S. 238). - Welch tiefe Vorahnung - vier seiner Schwestern wurden im Konzentrationslager verbrannt!

Noch im gleichen Jahr 1933 schreibt er anläßlich von Ferenczis Tod an Jones: "Ferenczi nimmt ein Stück der alten Zeit mit sich, dann wird wohl mit meinem Abtreten eine andere beginnen, in die Sie noch hineinragen werden. Schicksal, Ergebung, das ist alles" (nach Jones 1957, S. 214).

Ein Jahr vor seinem Tod hat er dann aber doch nicht davor zurückgeschreckt, sich im Dienst der psychoanalytischen Erkenntnis in Gegensatz zu aller Welt zu stellen, als er nach langem Zögern den "Mann Moses" vollendete und veröffentlichte. Aus einem Brief an Arnold Zweig (Freud 1934 [1980] S.

437) wissen wir, daß er den "Moses" lange unveröffentlicht gelassen hatte, um die Psychoanalyse in Wien nicht zu gefährden - eine eindrucksvolle Parallele zu Berlin. Dann aber revidierte er diese Haltung und kommentierte: "Natürlich kränke ich meine Volksgenossen nicht gerne. Aber was kann ich dabei machen? Ich habe mein ganzes Leben damit ausgefüllt, für das einzutreten, was ich für die wissenschaftliche Wahrheit hielt, auch wenn es für meine Nebenmenschen unbequem und unangenehm war. Ich kann es nicht in einem Akt der Verleugnung beschließen" (S. 469).

Es ist mir nicht bekannt, wie Freuds Tod in Deutschland betrauert wurde. Dokumente darüber kenne ich nicht. Ich kann mir indessen keine Vorstellung machen, wie der Tod eines emigrierten Juden drei Wochen nach dem Überfall auf Polen und während der Tage der Beschießung Warschaus in Deutschland hätte betrauert werden können. Ich könnte es aber nachvollziehen, wenn durch die Kriegserklärung eine Außenfeindschaft entstanden wäre, die die Treue zu Freud suspendiert und keine Trauer mehr erlaubt hätte.

Am 2. September, genau drei Wochen vor Freuds Tod, meldete der "Völkische Beobachter" Hitlers Kriegserklärung als "Verkündung des Kampfes für des Reiches Recht und Sicherheit". Was hätten eine psychoanalytische Gemeinschaft, die sich - aus welchen Gründen auch immer - mit den Tätern eingelassen hatte, dem entgegenzusetzen gehabt?

Die Geschichte zeigt, sie hat dem nichts entgegengesetzt.

Die Externalisierung der Spaltung

Dem Scheitern in der NS-Zeit folgte die Externalisierung der Spaltung. Im 2. Kapitel bin ich ausführlich auf die historische Entwicklung der Psychoanalyse in den Nachkriegsjahren eingegangen, auf die Gründung der Nachkriegs-DPG, auf die Versuche, an die Geschichte der Vorkriegsgesellschaft anzuschließen, und auf die Spaltung der psychoanalytischen Gemeinschaft in die heutige DPG und die DPV. Ich habe geschildert, wie im Sog der Externalisierung von Schuld- und Verfolgungsängsten ein Graben zwischen "Rechtgläubigen" und "Abweichlern", Opfern und Tätern, Freudianern und Neopsychoanalytikern aufgerissen wurde und wie schließlich zwei Gesellschaften entstanden, die je eine der Teilidentifikationen "deutsch" und "jüdisch" repräsentierten. Damit wurde die Spaltung des psychoanalytischen Introjekts besiegelt.

Diese Spaltung von 1950 wiederholte auf fast identische Weise, jetzt aber als unbewußte Inszenierung, das Thema der Ausgrenzung der jüdischen Analytiker von 1936. Die Entstellung bestand lediglich in einer Neuverteilung der "Rollen". Die jüdischen Opfer wurden nun durch die neugegründete DPV "vertreten", diese identifizierte sich defensiv mit den Opfern. Die Restgruppe begab sich durch Identifikation mit Schultz-Hencke und Leibnitz, auf den dieser sich 1949 in der entscheidenden Ansprache vor dem IPV-Kongreß in Zürich berufen hatte, in eine "deutsche" Tradition und wandte sich gleichsam ein zweites Mal von Freud ab.

In beiden aus der Spaltung entstandenen Gesellschaften, der DPG und der DPV, hat sich inzwischen die Erkenntnis durchgesetzt, daß diese Wiederkehr des Verdrängten, daß die Externalisierung des Konflikts zwischen "jüdischem" und "deutschem" psychoanalytischen Teilintrojekt, eine gemeinsame gruppendynamische Abwehr war. Sie sollte beiden Teilgruppen die Trauer um die Verfehlungen ersparen.

Die Beschädigung des psychoanalytischen Introjektes und seine Spaltung im Nationalsozialismus begründete ein persekutorisches Schuldgefühl, das die Beziehung deutscher Psychoanalytiker zur Psychoanalyse seither prägt. Es äußerte sich beispielhaft in dem Bedürfnis der DPG-Funktionäre während der NS-Zeit, für die maßgeblichen Entscheidungen im Anpassungsprozeß das Einverständnis Freuds zu erlangen. So legte z.B. Boehm, der damals Mitvorsitzender der DPG war, später in seinem Bericht über die früheren Ereignisse größten Wert auf die Feststellung, ihm habe "bei allen Schritten die Stellungnahme Freuds vorgeschwebt, es solle versucht werden, keiner Behörde eine 'Handhabe' für ein Verbot unserer Tätigkeit zu geben" (1978, S. 302). Hier geht es um den Versuch, das bedrohliche Teilobjekt zu besänftigen, welches Freud nach der Vertreibung repräsentierte und das durch die eigene Destruktion zum inneren Verfolger geworden war.

Die besondere Rolle und Funktion Harald Schultz-Henckes im Prozeß der Externalisierung der Spaltung bestand darin, daß er ein "deutsches" Identifikationsobjekt repräsentierte. Durch seine frühe Abwendung von Freud, das ihm 1929 ein Lehrverbot am Berliner Psychoanalytischen Institut eingebracht hatte, gewann er ihm gegenüber zunächst eine gewisse Autonomie. Sie brachte ihn aber in die Position des "inneren Feindes", wie Freud ihn 1933 nannte (Brecht u.a. 1985, S. 94). Boehm (1934) bezeugt, daß Schultz-Hencke von Freud, ähnlich wie Reich, für eine Gefahr gehalten wurde: "Vor dem Fortgehen sprach Freud zwei Wünsche für die Leitung der Gesellschaft aus; erstens, Schultz-Hencke dürfe nie in den Vorstand unserer Gesellschaft [gemeint ist: die DPG] gewählt werden... und zweitens: 'Befreien Sie mich von Reich'" (Brecht u.a. 1985, S. 101).

Doch der Weg der beiden "inneren Feinde" war gegensätzlich: Reich wurde 1934 aus der IPV ausgeschlossen, nachdem er sich vehement gegen die apolitische Linie der IPV gewehrt hatte. Schultz-Hencke hingegen gelangte in seiner umstrittenen Arbeit über die Tüchtigkeit als psychotherapeutisches Ziel zu der erwähnten Polemik gegen die Psychoanalyse. Das war bereits im Jahre 1933 in einem Sonderheft der "Deutschen Seelenkunde", in dem Göring die Psychotherapeuten auf Hitlers "Mein Kampf" verpflichtete.

Schultz-Hencke schrieb: "Psychoanalyse, abgesehen von ihrer spekulativen und theoretischen Verfahrenheit, ist die Lehre vom gehemmten Menschen. Nicht mehr, aber auch nicht weniger... Sollten die orthodoxen Anhänger der Psychoanalyse darauf beharren, ihre spekulativen Theorien unter allen Umständen vor dem berechtigten Zerfall zu bewahren, und nur dieses Ganze von empirischer Wahrheit, Begriffsschiefheit und Spekulation 'Psychoanalyse' zu nennen, so wird deren verifizierbarer Grundbestandteil eben einen neuen Namen erhalten müssen..." (1934, S. 91).

Schultz-Henckes politische Haltung erscheint voller Widerspruch. Einerseits griff er auf diese Weise die Psychoanalyse an, grenzte sich ab, nannte sein Konzept "Desmolyse" und beteiligte sich als Vorstandsmitglied an der Deutschen Allgemeinen Ärztlichen Gesellschaft für Psychotherapie, die die "deutsche Seelenheilkunde" betrieb.[11] Andererseits soll er 1942 in einer Sitzung des Verwaltungsrates des Reichsinstituts erklärt haben: "Es ist bekannt, daß ich kein Nationalsozialist bin und nie einer sein werde" (Baumeyer 1971, S. 217).

Seine Schüler bestätigen ihm persönliche Integrität und Distanz zum Nationalsozialismus. So kommt Beese (1977/78) aus seiner persönlichen Bekanntschaft mit Schultz-Hencke in den Nachkriegsjahren zu dem Urteil, daß er "der nationalsozialistischen Ideologie völlig ferngestanden hat...", konzidiert jedoch: "Es ist nicht völlig auszuschließen, daß Schultz-Hencke nach der nationalsozialistischen Machtübernahme von der Vitalität, die von Hitler und der von ihm verbreiteten Ideologie ausging, beeindruckt worden ist und deren negativen Gehalt nicht sofort wahrzunehmen vermochte... Mit hoher Wahrscheinlichkeit hat aber Schultz-Hencke dann rasch die zerstörerischen und lebensfeindlichen Elemente der Naziideologie durchschaut..." (S. 9).

Als wissenschaftlicher Dissident, der in seinen Werten und in seiner politischen Haltung gegenüber dem Nationalsozialismus zumindest unsicher war, verkörperte er nach Kriegsende den explizit "deutschen" Psychoanalytiker und ermöglichte eine Personalisierung im Dienste der Schuldabweisung. So wurde er im Prozeß der Externalisierung der Spaltung mit dem "deutschen" psychoanalytischen Introjekt identifiziert, d.h. auf internationalem Boden: mit dem Nationalsozialismus. Auf dieser Basis wird verständlich, warum die IPV als Bedingung für die Wiederaufnahme der DPG die Trennung von

---

11 Lockot 1985, S. 65; Schulte-Lippern 1990.

Schultz-Hencke forderte und warum sich die DPG nach der Abspaltung der DPV mit der Neopsychoanalyse identifizerte.

Das Nachdenken über Schultz-Hencke führt für einen DPG-Analytiker auch in eine Auseinandersetzung mit seiner persönlichen psychoanalytischen Entwicklung.[12] Für mich weckt sie die Erinnerung an die Begeisterung, mit der mich "Schicksal und Neurose" und der "Gehemmte Mensch" als Kandidat erfüllt haben. Dabei blicke ich auf die damalige Wertschätzung für das Werk Schultz-Henckes zurück, die seinerzeit den Plan in mir reifen ließ, seine Aufsätze zu sammeln und zu editieren. Ich erinnere mich auch an die Beschämung, die ich erlebte, als ich später in den Entwürfen der geplanten Aufsatzsammlung auch den Text "Die Tüchtigkeit als psychotherapeutisches Ziel, 1934" wiederfand.

Schultz-Hencke, dessen Bild durch meine Lehrer in mir entstanden war, war für mich damals noch ein Held, der dem NS-Staat getrotzt hat. Seinem Mut, so glaubte ich damals, verdankten wir das Überleben der Psychoanalyse in Deutschland. Erst mit der inneren Lösung von meinen Lehrern und der Sensibilisierung für das, was der NS-Staat für mich inzwischen bedeutet, begann eine schmerzliche Entidealisierung seiner Person.

Inzwischen ist Schultz-Hencke für mich eine historische Person, zu der ich Abstand gewonnen habe und mit der ich in innerem Frieden lebe. Ich halte es für die Tragik seines Lebens, daß er seine Ambivalenz gegenüber der Psychoanalyse niemals auflösen konnte und sich daher niemals in die offene Opposition zu ihr begab, ihr aber auch nicht wirklich zugehörte. So verharrte er auch im NS-Staat in einer widersprüchlichen politischen Haltung.

Seine Theorie der neurotischen Konfliktverarbeitung spiegelt ebenfalls diese Ambivalenz. Nicht wirklich im Widerspruch zur Psychoanalyse, reduzierte sie ihre Essentials zur

---

12 Die Passage ist die Einfügung einer Würdigung anläßlich der Eröffnung der Jahrestagung 1992 in Berlin "Psychoanalyse im Wandel - was hat Bestand?", die anläßlich des 100. Geburtstages von Harald Schultz-Hencke auch der Auseinandersetzung mit seinem Werk gewidmet war.

Bedeutungslosigkeit: das Unbewußte, die Konzepte Übertragung und Widerstand, die Regression. Damit konzipierte er eine psychotherapeutische Haltung, die ganz auf den Pol der Heilung ausgerichtet war. Darin liegt aus meiner Sicht der weitreichendste Unterschied zur klassischen Psychoanalyse mit ihrem Dualismus von Heilung und Forschung. Die Folgen einer solchen Reduzierung werden im 7. Kapitel noch zum Thema werden.

Späte Folgen und Folgerungen

Das Zerbrechen des psychoanalytischen Introjektes führt zu einer Schutzlosigkeit, die den Mut und die Selbstbehauptung der Psychoanalyse bis weit in die 80er Jahre in der Vertretung ihrer Prinzipien und Interessen nachhaltig beeinträchtigt hat. Sie bildet mit persekutorischen Ängsten auch die Wurzel einer Ambivalenz gegenüber der Psychoanalyse, der man unter Psychoanalytikern in Deutschland noch immer begegnet.

So wird die psychoanalytische Methode oft idealisiert und an anderer Stelle unterschätzt, ja entwertet. Die psychoanalytischen Gruppen entwickeln nur selten realistische Konzepte, um sich den Angriffen auf die Psychoanalyse wirksam entgegenzustellen, und ziehen sich stattdessen in eine gefährliche Haltung der Verweigerung des Dialoges zurück. Reformerische, die Zukunft sichernde Ideen werden negiert, eine breit angelegte Beforschung der psychoanalytischen Methode und ihrer Ergebnisse bleibt auf der Ebene von Willensbekundungen stehen. Die Sozialanalyse ist noch immer ein ambivalent erlebtes Randgebiet der psychoanalytischen Wissenschaft. In einer eng reglementierten Weiterbildung bleibt die Kreativität der Kandidaten weiter gefährdet ...

Kurz zusammenfassend kann man auch sagen: Die Psychoanalytiker schützen sich mit einer defensiven, realitätsverleugnenden professionellen Haltung, ja - sie vernachlässigen womöglich ihre Selbstfürsorge und bringen damit ihre Wissenschaft und ihren Berufsstand in Gefahr. Darin äußert sich die unbewußte Überzeugung einer Schutzlosigkeit und Bedrohtheit und ein tiefes Mißtrauen - wahrscheinlich eine Furcht vor dem Umbewußten.

Die Geschichte der Psychoanalyse in den Nachkriegsjahren in Deutschland zeigt, daß eine projektive Veränderung der Gegenwart keine Klärung der Vergangenheit und ihrer Folgen bringen kann. Die Aufspaltung der äußeren Welt bringt keine Heilung eines gespaltenen Introjekts. Die zerstörte Unbefangenheit gegenüber Freud und der Psychoanalyse kann nicht wiederhergestellt werden, indem die Gegenwart in Täter- und Opferschaft gespalten wird, auch nicht, wenn man sich auf die Seite der Opfer stellt, wo man nicht hingehört.

Durch die Verstrickung in Hitlers Erbe ist jeder Angriff auf Freud für Psychoanalytiker in Deutschland seit dem NS-Staat belastet mit realem Vater- und Völkermord. Durch die Verstrickung in die Zerstörung des jüdischen Volkes in Europa und der jüdischen Kultur in deutscher Sprache bleiben sie in der Beziehung zu Freud oft präödipal fixiert. Das lähmt ihre Kreativität und ist womöglich ein Grund, daß in Deutschland seit 50 Jahren kaum substantielle Beiträge zur Psychoanalyse entstanden sind.

Der Weg zurück zu Freud führt nur über Hitler und sein Erbe, d. h. über die Anerkennung der äußeren historischen Täterschaft und der potentiellen Täterschaft in der Gegenwart. Es gibt keine Heilung unseres psychoanalytischen Introjekts und damit keine Heilung unseres psychoanalytischen Selbst, solange nicht betrauert ist, daß die Psychoanalytiker im "Reichsinstitut" für etwas stehen, das viele wahrscheinlich genauso getan hätten. Die Anerkennung der Unvollkommenheit kann über das Bedauern die Fähigkeit zur inneren Versöhnung fördern.

Erst dann kann auch eine freiere Auseinandersetzung mit Freud beginnen: Eine Auseinandersetzung mit den Widersprüchen zwischen Person und Werk, zwischen Praxis und Dogma, zwischen wissenschaftlichem Anspruch und seinem Verhältnis zur Macht. Das mag zu einer Liebe zu Freud zurückführen, die die Schwierigkeiten mit einschließt, zu denen er

Anlaß gab. Vielleicht können die nächsten Generationen sich dann auch wieder dem Thema zuwenden: "Freud und die Zukunft".

5 Eine Begegnung in Deutschland

Im 3. Kapitel habe ich dargestellt, wie das Selbstverständnis der Psychoanalytiker in Deutschland in den 70er Jahren begann, sich zu verändern, und wie diese Veränderung bewirkte, daß die bis dahin vorherrschende Abwehr gegenüber der Wahrnehmung der Geschichte sich langsam lockerte. In diesem Kapitel will ich die Atmosphäre etwa 10 Jahre später darstellen.

Die Geschichtsdebatte der 80er Jahre

Aus der Krise des psychoanalytischen Selbstverständnisses, das ich für die DPG beschrieben habe, entstand etwa seit 1980 langsam eine Bereitschaft, das Erbe der Vergangenheit anzunehmen. Auch in der Gesamtgruppe der deutschen Psychoanalytiker wuchs ein Gespür für die gemeinsame Verantwortung für die Gegenwart, die Vergangenheit und die Zukunft der Psychoanalyse. Es wurde durch den beginnenden Stimmungsumschwung gegenüber der Psychoanalyse in der Öffentlichkeit und in verschiedenen politischen und wissenschaftlichen Bereichen gefördert, die nach den Jahren des geistigen Umbruchs, der durch die Studentenbewegung mitgeprägt worden war, eine breite öffentliche Akzeptanz erfahren hatte.

Die Abgrenzung zwischen den Gruppierungen und speziell zwischen den beiden psychoanalytischen Fachgesellschaften begann sich nun zu lockern. Ein Zeichen dafür war die Gründung des "Forums der Psychoanalyse", das als eine "Brücke zwischen den Fachgesellschaften" konzipiert war und erstmals 1985 erschien.

In diesem Klima fand die Auseinandersetzung mit der Geschichte der Psychoanalyse unter dem Nationalsozialismus in Deutschland breiten Raum. Es stand im Einklang mit der "gesellschaftlichen Stimmung" in der Bundesrepublik dieser Jahre, die u.a. in der Ansprache des Bundespräsidenten von Weizsäcker zum 40. Jahrestag des Kriegsendes am 8. Mai 1985 einen Niederschlag fand. Es war jedoch ein Symptom für die Dynamik, die als Erbe aus dieser Geschichte noch immer wirksam war, daß die Geschichtsdebatten in den beiden psychoanalytischen Fachgesellschaften DPG und DPV getrennt von einander geführt wurden, wenngleich man nicht sagen kann, sie seien völlig unabhängig voneinander verlaufen.

Faktisch gingen wichtige Impulse über die Grenzen der Gesellschaften hinaus. Insbesondere wirkte der Internationale Psychoanalytische Kongreß 1985 in Hamburg als Katalysator auch in die DPG hinein. Es war das erste Mal seit der Spaltung der Nachkriegs-DPG, daß ein Vorsitzender der jetzigen DPG, nämlich Friedrich Beese, auf Einladung der DPV in offizieller Funktion an einem IPV-Kongreß teilnahm. Das setzte bereits Zeichen. Ein Kommentar von Kafka zum IPV-Kongreß und die denkwürdige Eröffnungsrede des Hamburger Ersten Bürgermeisters Klaus von Dohnanyi wurden zudem im ersten Band des "Forums der Psychoanalyse" abgedruckt und waren damit auch den DPG-Mitgliedern zugänglich. Umgekehrt kommentierte Beese dort die "Jubiläumstagung" der DPG 1985 in Berlin unter vergangenheitsbezogenen Aspekten.

Vor diesem Hintergrund war das Thema "Hassen und Versöhnen" der Jahrestagung der DPG 1990 in Hannover aus meiner Sicht der Höhepunkt einer Entwicklung. Zuvor waren Fragen einer DPG-Identität in Hinblick auf ihre Gruppendynamik und ihre wissenschaftliche Orientierung vor dem Hintergrund der Geschichte und der Generationenkonflikte schon explizit und implizit Themen verschiedener DPG-Tagungen gewesen und hatten zu intensiven Diskussionen im internen Kreis der DPG Anlaß gegeben. Bereits 1989 hatte auch ein prominentes jüdisches, ursprünglich aus Deutschland stammendes Mitglied der IPV, Hans Keilson, in einem internen Seminar zur DPG über Rassismus und antijüdische Affekte in der Vergangenheit der Psychoanalyse in Deutschland gesprochen.

Nun kam es in Hannover aber erstmals zu einer öffentlichen Begegnung zwischen der DPG und einem Psychoanalytiker aus Israel. Es war Rafael Moses, der, 1936 in Deutschland geboren, 1937 nach Palästina kam und, wie er über sich selbst sagte, zu der "Generation der Wüste" gehörte, "die noch den Auszug aus Ägypten mitmachte". Er hatte in der IPV u.a. das Amt des Vorsitzenden des Organisationskomitees für den 33. Internationalen Psychoanalytischen Kongreß in Jerusalem gehabt, auf dem noch der Antrag der DPV, den übernächsten Kongreß in Berlin abzuhalten, abgelehnt worden war.

Rafael Moses' Ansprache an die DPG

Seine Ansprache "Ein israelischer Psychoanalytiker spricht zur DPG" (Moses 1991) bildete das Herzstück der Tagung in Hannover. In ihr und der anschließenden Arbeitsgruppe wurde das Thema "Hassen und Versöhnen" geistig, ja, auch physisch lebendig. Moses, der durch seine Arbeiten über die Folgen des Holocaust (Moses u.a. 1991) bekannt war, stellte unter anderem zwei Fragen an die DPG: Die nach ihrer Geschichte und die nach einer möglichen Mitgliedschaft in der IPV. Aber das viel wichtigere als diese politischen Fragen waren seine persönlichen Äußerungen, die Haltung, mit der er uns begegnete:

"Ich möchte Ihnen etwas über mich erzählen. Ich habe nicht die Absicht, Ihnen provokative Fragen zu stellen. Ich möchte keineswegs hier als jemand auftreten, der von Ihnen erwartet, Gott behüte, mir - oder auch nur sich selber - Rechenschaft zu geben. ... Und doch scheint mir, daß sowohl ich wie auch Sie, uns nolens volens mit der Tatsache abfinden müssen, daß meine Erscheinung auf diesem Podium einen gewissen symbolischen Charakter hat; und daß sie, meine Erscheinung, d.h. ich, hier gewisse Übertragungswirkungen haben muß. Mir scheint, es kann nicht anders sein. Und diese

Übertragungseffekte müssen wir alle in Betracht ziehen"
(1991, S. 63).

Die Wirkung dieser Ansprache ist schwer zu beschreiben.
Sie liegt in der Authentizität und Offenheit, mit denen er darüber sprach, zu der "Kategorie der Opfer" zu gehören, mit
der er nach seinen eigenen Haßgefühlen fragte, Haß gegenüber Nazis und Deutschen, und mit der er zögerte, eine Bereitschaft zur Versöhnung anzunehmen. Er betonte den Wert
der persönlichen Begegnung, wenn man Haß in Richtung einer Versöhnung verändern will, und kommentierte damit sein
Hiersein, ohne sich aufzudrängen. Er schrak nicht davor zurück, zu erwägen, ob man nicht den Umgang der Nazis mit
den Juden mit dem der Israelis mit den Arabern vergleichen
könnte, und zeigte deutlich die Grenzen eines solchen Ver-
gleichs. Dann kam er zu dem Schluß:

"Ich glaube, daß wir alle - nicht nur Deutsche und Israelis
- ... das Bestehen von aggressiven und sadistischen Wünschen und Neigungen in uns - in mir, in jedem von uns -
tatsächlich anerkennen müssen, daß es wichtig ist, uns dazu zu
bringen, diese Inhalte in uns zu entdecken und die Tatsache
ihres Bestehens zu akzeptieren. Sie wissen alle, daß es viel
leichter ist, dies zu sagen, als es auszuführen... Ich nenne
diese unsere persönliche Aktivität eine andere Art von Identifikation, eine reifere und bewußtere Form der Identifikation
mit dem Aggressor, wenn wir ihn in uns entdecken..." (S.
68).

Nach meiner Wahrnehmung hat Moses mit dieser Anspra-
che einen tiefen Eindruck von hilfreicher Annäherung und
haltgebender Distanz erzeugt, der lange anhielt. Er hat sicher-
lich dazu beigetragen, daß die DPG einige Jahre später den
Faden aufgreifen konnte und sich - nun zusammen mit der
DPV - an einem Treffen mit israelischen Psychoanalytikern in
Nazareth beteiligte (Kreuzer-Haustein 1995). Im Prozeß der
Wiedergewinnung und Erneuerung der psychoanalytischen
Identität war diese Ansprache ein entscheidender Markstein.

Meine Aufgabe bestand darin, auf Rafael Moses zu antworten. Ich habe mich entschlossen, diese Antwort im Fol-

genden nur unwesentlich verändert wiederzugeben, um die besondere Atmosphäre der damaligen Begegnung zu erhalten.

Antworten an Moses

Die Idee, einen Psychoanalytiker aus Israel einzuladen, hier in Deutschland zu uns Psychoanalytikern im Rahmen des Themas "Hassen und Versöhnen" zu sprechen, entstand sehr spontan. Sie erschien einfach stimmig, ja zwingend, und war von uns in ihrem komplexen Gehalt gar nicht voll erfaßt, als wir Sie einluden. Mit dem Vorschlag dazu und mit meinem Amt in der Gesellschaft kam mir die Ehre zu, auf Ihre Ansprache an die DPG zu antworten.

Ich spreche von Ehre und meine, daß dies tatsächlich eine Ehre ist. Ich will aber auch mein Empfinden von Last hier nicht verschweigen, die das Gewicht dieser Begegnung mir und vielleicht vielen von uns und vor allem auch Ihnen aufbürdet. Was mich betrifft, so beruht es auf einer Unsicherheit und einem Mißtrauen aus der Erfahrung heraus, wie sehr unbewußte Identifizierungen uns Deutsche im Bemühen, mit unserer Geschichte zurechtzukommen, der Gefahr aussetzen, oberflächlich, trivial oder durch Gleichsetzungen und Folgerungen oder auch nur durch den unbedachten Gebrauch vorbelasteter Worte einfach verletzend zu sein. Hinzu kommt, daß die eben vollzogene Vereinigung der bisherigen beiden deutschen Staaten ein Klima geschaffen hat, das nationalen "deutschen" Phantasien und Emotionen und allzu verständlichen Reaktionen darauf, vor allem bei Ihnen in Israel, neue Brisanz gegeben hat.

Zwar erfüllt die Beseitigung der Diktatur in der früheren DDR durch die friedliche Wende des Jahres 1989 die meisten von uns mit tiefer und uneingeschränkter Freude: Freude über Chancen für die Befreiten, aber auch Freude angesichts der Hoffnung auf einen Wandel unseres nationalen Selbstverständnisses, das durch das weitgehend verleugnete Wissen geprägt ist, sich nicht aus eigener Kraft von Hitler und seiner Diktatur befreit zu haben. Aber die Art der nachfolgenden Vereinigung, so berechtigt sie aus politischer Perspektive auch gewesen sein mag, muß uns, speziell uns Psychoanalytiker, mit Argwohn erfüllen. Sie konfrontiert uns mit jener maniformen Abwehr von Selbstreflexion, hinter der wir die Schatten einer unbewältigten Vergangenheit vermuten müssen, die Abwehr von kollektiven Selbstzweifeln und Selbsthaß, mit der das sog. Großdeutschland unfaßbares Unglück über die Welt und vor allem über Ihr jüdisches Volk gebracht hat.

Ich bin Ihnen zutiefst dankbar, daß Sie Ihre Zusage, hierher zu kommen, aufrechterhalten haben, nachdem diese Entwicklung deutlich wurde. Ich sehe in Ihrer Anwesenheit hier auf unserer Tagung wenige Wochen nach der Vereinigung die Chance, die Gegenwart nicht ohne die Vergangenheit zu betrachten. Mein eigener Beitrag wird es dabei sein, aus meinem Verständnis heraus einen Versuch einer Deutung dieser Begegnung zu machen und dabei auf manche Fragen einzugehen, die Sie an die DPG gerichtet haben. Dabei kann ich nur meine persönlichen Anschauungen mitteilen; andere mögen es anders sehen.

Diese Begegnung ist die erste in einem offiziellem Rahmen zwischen einem jüdischen Psychoanalytiker deutscher Herkunft aus Israel und der Deutschen Psychoanalytischen Gesellschaft, seit deren nichtjüdischen Mitglieder im NS-Staat die Solidarität mit den jüdischen Kollegen zerbrachen, sie ausschlossen, damit die unmenschliche Rassenpolitik der Nationalsozialisten in den eigenen Reihen vollzogen und die historischen Wurzeln dieser Gesellschaft kappten. Ursprünglich war sie als Begegnung im internen Kreis unseres DPG-Seminars 1989 "Psychoanalyse im Nationalsozialismus" geplant. Jetzt bildet sie das Herzstück dieser offenen Jahrestagung, und wir fügen sie in das Thema "Hassen und Versöhnen" ein.

Als mir diese Veränderung bewußt geworden war, entstand für mich die Frage, ob sich damit nicht unbemerkt etwas an unserer ursprünglichen Absicht verändert hatte - ob uns vielleicht der Mut zu einem sehr intimen Dialog verlassen hatte. Würden wir im Rahmen einer Großtagung, so fragte ich mich, möglicherweise eine Begegnung herbeiführen, die wenig Chancen bietet, die wesentlichen Fragen zu stellen oder gar zu besprechen, die zwischen deutschen und israelischen Psychoanalytikern, zwischen Deutschland und Israel stehen - Fragen nach den psychischen Bedingungen der Grausamkeiten im NS-Staat, der Mitläuferschaft, ihrer Verarbeitung, ihren Folgen für die Psychoanalyse heute, und Fragen nach den Konsequenzen, die dazu beitragen könnten, eine Wiederholung in ähnlicher oder anderer Form zu vermeiden? Welche Empfindungen, so fragte ich mich, würden wir Ihnen damit zumuten? Würden wir Sie gar zum Opfer eines selbstentlastenden Versöhnungsrituals machen, das keine Chancen birgt, die tatsächlichen Gefühle und Empfindungen zwischen Ihnen und uns zum Ausdruck kommen zu lassen? Sollten Sie uns durch Ihre reale Anwesenheit womöglich vor den inneren Bildern schützen, die das Thema "Hassen ..." in uns deutschen Analytikern auslöst?

Ich verstand diese kritischen Fragen, die ich mir stellte, als Hilfe zur Wahrnehmung einer Ambivalenz, die diese Begegnung in mir auslöst und in vielleicht vielen von uns unweigerlich auslösen muß. Aus meiner Sicht reicht es für diese erste Annäherung aber aus, daß wir die Schwierigkeiten wahrnehmen und anerkennen, die eine gemeinsame Beschäftigung mit Ursachen, Entstehungsbedingungen und Folgen der Destruktivität in ihrer ganz speziell deutschen Erscheinungsform des nationalsozialisten Antisemitismus und Judenmords in uns hervorruft. Es ist schon viel, wenn es uns gelingt, hinter diesen Schwierigkeiten die Beschämung zu erleben, daß die nichtjüdischen Psychoanalytiker sich gegen diese Hass-Ideologie nicht erfolgreich schützten. Für den Anfang mag es genug sein, durch die Begegnung zu erkennen und anzuerkennen, wie schwer belastet diese Themen zwischen uns und Ihnen tatsächlich sind.

Es sind Themen, die weit darüber hinausgehen, die historischen Ereignisse zu benennen und unzweideutig anzuerkennen. Anerkennung und öffentliches Bereuen sind die Voraussetzung für einen Dialog und unverzichtbar. Psychologisch werden sie die Gefühle nicht auflösen, die einer Veränderung im Wege stehen, und es uns nicht ersparen können, mit unseren inneren Bildern und Empfindungen in Kontakt zu kommen - und wir wissen tatsächlich, wie schwer das ist! - und sie in persönliche Begegnungen, in einen gemeinsamen Prozeß hineinzutragen.

Sie besuchen uns heute als ein Repräsentant jener Analytiker, die von unseren Vorvätern aus Furcht oder Eigennutz in die Wüste geschickt worden sind. Und Sie kommen zu uns und fragen nicht: Was haben die Vorväter Ihnen, den jüdischen Kollegen getan - sondern vor allem: Was haben sie sich selbst und in der Teilhabe auch uns, den Nachfolgenden, damit angetan?[13] Das ist eine Frage von unermeßlichem Gewicht, und mit meinem Versuch einer sehr persönlichen Antwort kann ich nur Anstöße geben.

Meine Antwort ist ein Traumbild: Ich schreite durch die Halle der Wiener Universität, um Freud zu hören. Viele junge Menschen strömen die breite Treppe zur Aula hinauf in freudiger Erwartung. Vor der Aula wird mir der Zutritt verwehrt. Ich werde in einen Seitengang gewiesen und begegne in einer Kammer einem Arzt. Ich bemerke, daß ich kein Student bin, sondern Patient. - Diese Traumszene hat mich lange begleitet und nachhaltig beschäftigt. Sie hat mir wichtige Ideen über mein inneres Bild als deutscher Psychoanalytiker eröffnet. Zwei davon möchte ich mitteilen.

Die erste Idee hat Bezug zu Ihrer Frage nach der Psychoanalyse, die wir vertreten. Sie geht davon aus, daß der Zutritt zu Freud, daß die ganz persönliche Begegnung mit ihm mir verwehrt ist. Mir erscheint das wie eine geheimnisvolle Sperre, sich unbefangen und freudig der ganzen Tiefe seines Werkes zu bedienen. Manche Kollegen der zweiten Gene-

---

13 Moses (1991, S. 64): "Mir jedoch will es scheinen, daß es entscheidender für die Analytiker jener Zeit gewesen sein mußte, wie sie mit ihrer eigenen Identität umgingen ... Die Frage taucht auf, ob das mit Ihrer heutigen Identität als Analytiker etwas zu tun haben könnte..."

ration werden diese peinliche Selbstwahrnehmung mit mir teilen, aber auch die Erleichterung, die die Veränderungen in den letzten Jahren gerade in dieser Hinsicht in unserer Gesellschaft gebracht haben. Zögernd haben wir als analytische Gesellschaft den Weg zurück zur umfassenden Übertragungs-Gegenübertragungs-Analyse gefunden, und, wenn auch mit Zaudern, der Sozial- und Kulturanalyse wieder einen Platz gegeben - allmählich auch bei der Klärung unserer internen Entwicklungen. Welches aber ist der Konflikt, der derart befangen gemacht hat und bisweilen noch immer befangen macht?

Ich sehe die Schwierigkeit in dem Wagnis, sich vorbehaltlos jener Methode anzuvertrauen, die durch die Kollaboration unserer Vorväter mit den Feinden Freuds mit unbewußten destruktiven Phantasien besetzt ist und Vernichtungsängste provoziert. Das Trauma unserer psychoanalytischen Identität ist der Verlust des beschützenden psychoanalytischen Introjektes, der unbeschwerte Zugang zu Freud. Müssen wir seither nicht unsere psychoanalytische Identität beständig vor unserer nationalen, mit den mörderischen Nazi-Greueln kontaminierten, schützen? Wie wir auch umgekehrt unsere nationale Identität vor der Psychoanalyse in Sicherheit bringen müssen, um nicht im Widerstreit zwischen Gehorsam und Aufsässigkeit, Anpassung und Widerstand, Selbstmitleid und Größenwahn gelähmt zu werden? Die unbestechliche Analyse der eigenen Phantasien, Gegenübertragungen und Teilhabe an sozialen Prozessen und unserem nationalen Bewußtsein und Temperament bringt uns mit eben jener Destruktivität und ihren Abkömmlingen in Berührung, die das Unglück herbeigeführt hat, das uns jetzt verfolgt. So müssen wir uns im Grunde vor *der* Psychoanalyse schützen, die wir in unserem Beruf handhaben.

In diesem Kontext verstehe ich es, daß die Bewältigungsversuche nach Hitler von den deutschen Psychoanalytikern durch *äußere* Veränderungen gesucht wurden - rascher Wiederaufbau, Sicherung der Versorgung, Spaltung der psychoanalytischen Organisation, die unserer Gesellschaft, wie Sie sagen, zwei sehr verschiedene Eltern beschert hat.[14] Und vor diesem Hintergrund verstehe ich auch, daß die Begegnung mit dem jüdischen Emigranten noch immer ein Wagnis ist und mit Ambivalenz erfüllt.

Was Sie aus der "Wüste" an uns herantragen, ist auf dieser Ebene der unbewußten Phantasie der ausgestoßene Teil unserer psychoanalytischen Identität, der Freud repräsentiert, ohne den wir Patienten sind und der uns zugleich verfolgt. Die beiden Eltern, wie Sie es nennen, stehen für die beiden Fragmente dieser Identität. Für mich kann ich sagen, daß ich sie noch nicht wieder sicher zusammengefügt habe. Das ist ein Bruch, der manche von uns trotz aller Beschwörungen - "gegründet 1910" - von unseren historischen und ideellen Wurzeln trennt.

Sie scheinen diese Verletzung vorwegnehmend gespürt zu haben, wenn Sie sich in großer Bescheidenheit des Gastes überaus zurücknehmen und uns nicht mit Ansichten und Feststellungen belasten, die Sie entlasten könnten. Ich jedenfalls habe Sie in Ihrer Rede überaus schonend erlebt. Ich habe verstanden, daß Ihr Beitrag zu unserem Thema "Hassen und Versöhnen" darin besteht, sich nicht als Aggressor anzubieten, dem wir nur aggressiv oder mit Rechtfertigungen begegnen würden. Stattdessen halten Sie die Empfindungen und Gefühle aus, die die Begegnung mit uns in Ihnen hervorruft. So können wir uns mit Ihnen, mit Ihrer analytischen Haltung uns gegenüber identifizieren, und müssen die Verletzung nicht mehr so sehr bekämpfen, die die Verjagung des einen Elternteils in die Wüste in uns hervorgerufen hat. Sie übernehmen damit für uns auch die Funktion eines Containers, in dem miteinander wieder in Berührung kommt, was in manchen von uns noch getrennt ist.

Auch die zweite Idee, die ich im Anschluß an das Traumbild mitteilen will, befaßt sich mit der Wendung: Mir wird

---

14 Moses (1991, S. 64): "Ich frage mich, wie Sie damit auskommen, daß Sie Erbe von zwei sehr verschiedenen Eltern sind: Der Deutschen Psychoanalytischen Gesellschaft, die 1910 in Deutschland gegründet wurde; aber auch der Psychoanalyse, welche in Deutschland zwischen 1933 und 1945 unter verschiedenen Namen weitergeführt wurde."

der Zutritt zu Freud verwehrt - ich bemerke, ich bin Patient. Ich betrachte sie jetzt im Zusammenhang mit Ihrer Frage nach der Mitgliedschaft unserer Gesellschaft in der Internationalen Psychoanalytischen Vereinigung, also mit der Tatsache, daß die nach der NS-Zeit wiedergegründete DPG nicht als Ganze in die Internationale Vereinigung wiederaufgenommen wurde, sondern nur jene Kollegen, die sich von ihr trennten und die Deutsche Psychoanalytische Vereinigung bildeten. Für die verbleibende DPG war das eine schwerwiegende Kränkung und ist es im Grunde noch heute. Aber natürlich müssen wir uns auch fragen, ob es nur Kränkungstrotz war, der die DPG veranlaßte, ihren Antrag zur Wiederaufnahme in die IPV bis heute nicht zu erneuern, nur masochistischer Triumph, mit dem wir uns selbst nur schaden, oder ob sich darin nicht eine tiefergehende Identifikation verbirgt.

Wir wissen aus unseren Analysen, daß Masochismus der Abwehr von Schuld und Scham dient, indem er Ursache und Folge verdreht und Täter zu vermeintlichen Opfern macht. Die Schuld war die Kollaboration der im NS-Staat verbliebenen Psychoanalytiker mit dem nationalsozialistischen Regime.

Die Dokumente über die Verhandlungen um die Wiederaufnahme der DPG in die IPV[15] lassen erkennen, daß diese Schuld in der Person von Schultz-Hencke konkretisiert und deshalb die Trennung von ihm als eine Art Säuberung gefordert wurde, die den Wiedereintritt in die IPV ebnen sollte. Die danach tatsächlich folgende Abspaltung der DPV von der DPG, d.h. die Trennung der DPV-Gründer von Schultz-Hencke, war nur vordergründig ein politischer Schritt; sie symbolisierte ein Sühneopfer, das die Vertriebenen besänftigte und den Weg zur Wiederaufnahme in die internationale Vereinigung eröffnete. Nun, auf der Seite der Opfer, waren diese Analytiker gleichsam entschuldigt. Die anderen aber blieben draußen und behielten nun alle Schuld. Für sie wurde der Geopferte zur Identifikationsfigur. Dadurch fand nun auch

---

15 Protokoll der IPV-Sitzung in Zürich 1949 (s. Brecht u.a. 1985, Lockot 1985); zu den Einzelheiten vgl. auch Kap. 2.

die DPG ihren Opfermythos. Das aber machte die Wahrnehmung der Kränkung für sie stärker als die der Schuld.

So war die Spaltung unter den deutschen Psychoanalytikern vor 40 Jahren in schuldig und entschuldigt, die durch die Entscheidungen der IPV legitimiert erschien, eine Verleugnung der Mitverantwortung der Gemeinschaft der deutschen Psychoanalytiker, eine Manifestation der Unfähigkeit zur Trauer, die Mitscherlich bei uns Deutschen als Folge der Flucht vor der Vergangenheit diagnostiziert hat. Zwar leben wir - die beiden durch die Spaltung entstandenen Gruppierungen - inzwischen in freundlicher Distanz, und gelegentlich gelingt uns auch eine freundliche Berührung. Aber noch sind die Folgen dieser Spaltung für unsere heutige Identität als Gesamtgruppe kaum reflektiert und wahrscheinlich auf lange Zeit nicht überwunden.

Aber um was trauern? Um den Verlust von Illusionen, die wir so schwer ertragen können! Für uns Deutsche sind es die Illusionen von Mut und Größe, Vollkommenheit und Erhabenheit, Macht und Überlegenheit, die wir so schwer aufgeben können; für uns Analytiker der Verlust der Illusion einer moralisch und ethisch unangreifbaren Psychoanalyse, die uns in unseren Konflikten zwischen Wahrheitssuche und Opportunismus schützt.

Wir verleugnen damit, daß die Psychoanalyse die Analytiker in entscheidenden historischen Augenblicken nicht davor bewahren konnte, ihr Ethos ihren politischen Zielen zu opfern. Die Unterwerfungsgeschichte der deutschen Psychoanalytiker im NS-Staat ist dafür das erschreckendste Beispiel.

Aber auch Freud, Jones und die Internationale Psychoanalytische Vereinigung sorgten sich in manchen der politischen Wirren mehr um die Existenz der psychoanalytischen Bewegung als um ihr aufklärerisches psychoanalytisches Ethos. Ich erinnere an Freuds Empfehlung an Eitingon, den jüdischen DPG-Vorsitzenden von 1933[16], eher seine Entfernung "als Ausländer usw."(!) aus der Leitung des Berliner Psychoanalytischen Instituts hinzunehmen als in einem solchen Fall das In-

---

16 Zit. nach Brecht u.a. (1985).

stitut aufzulösen. Die Erhaltung des Instituts ging dem Schicksal Eitingons vor. Ich erinnere weiter an Jones' Verteidigung und Verharmlosung der DPG-Politik im NS-Staat auf dem IPV-Kongreß 1934; und schließlich an den Ausschluß von Wilhelm Reich, den politischen Nonopportunisten, aus der IPV auf demselben Kongreß.

Ich habe lange überlegt, ob ich diese Fragen beim ersten Besuch eines Analytikers, der sich hier auch als IPV-Vertreter versteht, so offen ansprechen darf. Ich habe gezögert aus Furcht, man könnte das als Versuch mißverstehen, die eigene Mitverantwortung zu schmälern oder von der DPG abzuwälzen, um sich damit von Schuldgefühlen zu entlasten. Das wäre tatsächlich ein Irrweg. Aber ebenso würde es uns - Ihre internationale Vereinigung und unsere Gesellschaft - auf einen Irrweg führen, wenn wir die Frage einer IPV-Mitgliedschaft der DPG heute primär als politische Frage behandeln wollten, anstatt nach ihrem psychologischen Hintergrund zu fragen.

Ich habe große Schwierigkeiten, mir gegenwärtig eine IPV-Mitgliedschaft der DPG vorzustellen. Das liegt nicht an der Psychoanalyse, die wir vertreten, oder daran, wie wir sie handhaben. In dieser Hinsicht sind wir eine Gruppe von mehr und weniger begabten Analytikern, wie wohl andere auch, und formale Probleme wären zu verhandeln. Aber ich fürchte, die Idee eine Wiederaufnahme der DPG in die IPV würde als politische Perspektive zudecken, was doch als psychologisches Erbe gemeinsam aufgedeckt und vielleicht durchlitten werden müßte: Den Konflikt der institutionalisierten Psychoanalyse zwischen psychoanalytischer Wahrheitssuche und politischen Zielen.[17] Wir würden wohl dabei zu dem Ergebnis gelangen, daß nicht nur die Spaltung der DPG vor 40 Jahren der Verdrängung unerträglicher Scham- und Schuldgefühle diente, sondern daß auch die Legitimierung dieser Abwehr durch die IPV in Form der Aufnahme nur eines Teils der ursprünglichen Gesellschaft ein Akt der Schambewältigung war. Ein Akt, der Sie und uns gemeinsam davor bewahrte, sich mit dem Institu-

---

17 Dieser Gedanke wird im 7. Kapitel wieder aufgenommen.

tionskonflikt der Psychoanalyse zwischen Widerstand und Anpassung in der Begegnung mit dem NS-Regime zu befassen und uns damit die gemeinsame Illusion erhalten konnte, daß die Psychoanalyse jenseits der Beschädigungen durch uns Deutsche unversehrbar gewesen sei.

Solche und andere unbewußte Illusionen versperren uns den Weg zu den inneren Wahrheiten und setzen uns der Gefahr aus, den Gebrauch von Metaphern mit dem Durcharbeiten unserer Gefühle und Phantasien zu verwechseln und die äußere Vereinigung an die Stelle des inneren Verlustes zu setzen. Aber mit Metaphern und Ritualen können wir unsere Gefühle nicht erledigen und Verletzungen nicht heilen. An ihrer Stelle brauchen wir den Dialog, d.h. ein Stück Erleben, in dem wir Erfahrungen teilen und in dem Irrtum und Illusionen sich offenbaren. Deshalb halte ich die persönliche Begegnung für unabdingbar, um an die Themen heranzukommen, die das Verhältnis zwischen Deutschen und Israelis, zwischen Deutschen und Juden und zwischen den Psychoanalytikern Ihrer und unserer Gruppierung ausmachen.

Die Versöhnungsarbeit der Täter, ihrer Kinder und Kindeskinder ist mit der wachsenden Fähigkeit verbunden, sich mit den Opfern zu identifizieren, um in der Passivität zu erleben: Das habe ich getan! Diese Passivität gegenüber der eigenen Täterschaft erscheint mir als Gegenstück zu der Aktivität in der Opferrolle, die Sie als Sieg bezeichnen.[18] Wir könnten sie als Fähigkeit zur Niederlage beschreiben und in ihr die Basis der Versöhnungsarbeit sehen, die den Täter seelisch verändert.

Doch diese Fähigkeit zur Niederlage ist bei vielen von uns Deutschen durch Vernichtungsängste gelähmt. Sie stammen aus Phantasien des Grauens über die Taten und sind im Un-

---

18 Moses (1991, S. 65/66): "Ich habe Schwierigkeiten mit der Passivität des Opfers ... Hier hat Hannah Arendt in Israel eine scharfe Kontroverse ausgelöst, als sie angab, die Juden wären ja mit verantwortlich gewesen für das, was ihnen in der Nazizeit angetan wurde ... Nicht Opfer - sondern Sieger - doch die beiden Worte entstammen [im Englischen; *victim* bzw. *victor* - M.E.] wohl derselben etymologischen Wurzel."

bewußten unermeßlich. Hier kann der Dialog mit den tatsächlichen Opfern heilsam sein. Denn die Begegnung läßt im Dialog das Entsetzliche ein menschlich faßbares Maß annehmen, und die Wahrnehmung, daß einige überlebt haben, setzt der überwältigenden Destruktion eine Grenze.

So ist Ihr Besuch in der DPG für mich nicht nur eine Begegnung mit einer unerledigten gemeinsamen Vergangenheit, die unermeßliches Leid über Sie gebracht hat und die uns unglücklich macht, sondern auch eine heilsame Berührung.

6 Späte Spuren einer unbewältigten Vergangenheit

Über das Thema des Vergangenen in der Gegenwart der Psychoanalyse in Deutschland ist in der Zeit nach 1980 viel gesprochen und geschrieben worden. Bisweilen entsteht sogar der Verdacht, diese konzentrierte "Vergangenheitsbewältigung" könnte dazu dienen, von anderen Fragen, womöglich von drängenden Problemen der Gegenwart und Zukunft abzulenken. Diese Möglichkeit darf prinzipiell auch nicht außer acht gelassen werden.

Trotzdem besteht unter Psychoanalytikern ein Konsens darüber, daß man die Gegenwart nicht ohne die Vergangenheit verstehen kann. Das gilt für die soziale Gegenwart ebenso wie für individuelle Prozesse. So ist die nationale Geschichte und speziell die jüngere Vergangenheit unter dem Nationalsozialismus, in der Zeit der Teilung und des Wiederaufbaus Deutschlands, die Lebenswelt also der Eltern- und Großelterngeneration, ein maßgeblicher Bezugspunkt für das Verständnis unserer heutigen Patienten. Die Texte über die Bearbeitung des Vergangenen in der ersten, zweiten und inzwischen auch dritten Generation der Opfer und der Täter zeugen dafür.

Auch was den engeren Bereich der Psychoanalyse in Deutschland betrifft, ist die deutsche Geschichte und speziell die Vergangenenheit der psychoanalytischen Gemeinschaft im und nach dem "Dritten Reich" zu einem Eckpfeiler für das Verständnis der gegenwärtigen Situation geworden. Die Selbstreflexion in den psychoanalytischen Organisationen war sogar der Ausgangspunkt für die wachsende Einsicht über den Einfluß der jüngeren deutschen Vergangenen auf die Gegenwart von Individuen und von Gruppen in unserem Land.

Diese Sichtweise ist für Psychoanalytiker an sich eine Selbstverständlichkeit. Sie mußte nach dem "Dritten Reich" aber in einem mühsamen Prozeß neu entdeckt werden. Ich habe diesen Prozeß am Beispiel der DPG im 3. Kapitel nachgezeichnet und gezeigt, daß Scham und Schuld die Wahrnehmung der Geschichte lange verhinderten, und die Konsequenzen der Entwicklung für das Identitätsgefühl der damaligen DPG-Analytiker und ihre Sozialisation beschrieben.

In diesem Kapitel möchte ich nun ein vorläufiges Resumee der "Geschichtsdebatte" in der DPG aus der Sicht der 90er Jahre ziehen. Der Anlaß zu diesem Resumee ist das Erscheinen des Buches "Ein Jahrhundert psychoanalytische Bewegung in Deutschland", das von Annemarie Dührssen 1994 veröffentlicht wurde. Es löste in psychoanalytischen Kreisen und vor allem in der DPG Erschrecken und Ablehnung aus[19], zumal Annemarie Dührssen als einflußreiche Standespolitikerin galt und als ehemalige DPG-Vorsitzende in der Öffentlichkeit als eine Repräsentantin dieser Gesellschadft betrachtet wurde.

Eine Zwischenbilanz

Die Geschichtsdebatte der 80er Jahre hat in der DPG dazu beigetragen, Verzerrungen von Einstellungen in Bezug auf die Psychoanalyse bewußt zu machen und zu revidieren. Damit war auch eine Umorientierung der Konzepte der psychoanalytischen Praxis verbunden. Insbesondere entstand eine wirklichkeitsnähere Beurteilung der Divergenzen zwischen Psychoanalyse und Neopsychoanalyse, die viele DPG-Analytiker zu einem Umdenken und einer Umorientierung ihrer Ziele und Techniken veranlaßte.

Eine andere Folge war, daß sie begannen, die gebrochenen Bindungen an die Gründergenerationen der Psychoanalyse und der Vorkriegs-DPG realistischer wahrzunehmen. Die Gesellschaft stand damit am Beginn einer neuen, sehr spezifischen psychoanalytischen Identität. Sie begann, das trotzige "Gegründet 1910" in ihrem Namen als eine Herausforderung zu verstehen, die dazu ermahnen sollte, die Erinnerung an die

---

19 Hampel (1995), Schmidt (1995), Schmidt u. Kreuzer-Haustein (1996), Schultz-Venrath (1995).

Diskontinuität ihrer Geschichte im Bewußtsein zu halten. Insbesondere bedeutete das, zu den Brüchen zu stehen, die von den Mitgliedern der Gesellschaft unter dem Nationalsozialismus in weitreichenden Entscheidungen herbeigeführt worden waren und nun als Erbe von der gegenwärtigen Generation mitgetragen werden mußten.

Die historischen Fakten dieses Erbes habe ich im 1. und 2. Kapitel skizziert - von der Kapitulation vor der NS-Ideologie, der Diskriminierung und Ausgrenzung der jüdischen Mitglieder und von der "Selbstgleichschaltung" bis hin zu den unglücklichen Restitutionsversuchen nach dem NS-Staat, der nachfolgenden Polarisierung und Spaltung.

Das Nachdenken über diese Vergangenheit in der gegenwärtigen Generation der deutschen Psychoanalytiker hat ein wachsendes Bewußtsein dafür gefördert, daß wir in der Tradition einer psychoanalytischen Gesellschaft stehen, die ihre Geschichte selbstverantwortlich herbeigeführt hat und die nicht das Opfer eines wie auch immer verstandenen Schicksals ist. Dieser Prozeß der Selbstreflexion mag die Illusion geschürt haben, die Psychoanalytiker in Deutschland hätten womöglich entscheidende Schritte getan, um ihre Vergangenheit als psychoanalytische Gemeinschaft zu bewältigen. Es hatte sich womöglich die Illusion gebildet, durch die Beschäftigung mit den historischen Tatsachen sei die Vergangenheit in unserer Gegenwart unwirksam geworden. Aber damit hatte man die Wirkung Bemühens um Erinnerung falsch eingeschätzt.

Das wurde schmerzlich an dem allgemeinen Erschrecken über das Buch "Ein Jahrhundert psychoanalytische Bewegung in Deutschland" erkennbar, in dem Annemarie Dührssen die Entwicklung der Psychoanalyse in Deutschland kommentierte. Sie erschreckte vor allem mit ihrem antijüdischen und antipsychoanalytischen Ressentiment und mit ihrer polarisierenden Weltsicht. Die Heftigkeit der Ablehnung, die sie mit ihrem Buch hervorrief, zeigte aber nicht nur die Bestürzung über ihre Einstellungen. Sie legte auch offen, daß man mit solchen Einstellungen in den Reihen der Psychoanalytiker nicht mehr gerechnet hatte. Damit rückte plötzlich auch die

Frage nach der Gegenwärtigkeit des Vergangenen in den Psychoanalytikern "der zweiten und dritten Generation" in den Blickpunkt, der ich mich hier widmen will.

Zwischen Ideal und therapeutischer Praxis

Das Ziel meiner Spurensuche ist es, Wirkungen und Folgen von Phänomenen und Prozessen aus der Vergangenheit auszumachen, die die Kompetenz der Psychoanalytikern im gegenwärtigen Deutschland beeinträchtigen und sie behindern, Aufgaben der Gegenwart und der Zukunft zu bewältigen. Dabei gehe ich von dem Spannungsfeld aus, in dem sich die Psychoanalyse und der einzelne Psychoanalytiker grundsätzlich befinden und immer befunden haben. Es prägt auch die Gegenwart der Psychoanalyse.

Dieses Spannungsfeld entsteht aus der eigentümlichen Verknüpfung von Forschung und Behandlung in der psychoanalytischen Methode. Freud (1927) sprach bekanntlich vom "Junktim zwischen Heilen und Forschen" und schrieb in einer berühmten Passage: "Die Erkenntnis brachte den Erfolg, man konnte nicht behandeln, ohne etwas neues zu erfahren, man gewann keine Aufklärung, ohne ihre wohltätige Wirkung zu erleben. ... Nur wenn wir analytische Seelsorge betreiben, vertiefen wir unsere eben aufdämmernde Einsicht in das menschliche Seelenleben" (S. 293).

Dieses Spannungsfeld zwischen Forschung und Behandlung bildet sich in der Praxis der Psychoanalyse in vielerlei Polaritäten ab: Auf der einen Seite steht die Grundlagenwissenschaft, die Freud (1927, S. 295) auch einmal als die "wissenschaftliche Psychoanalyse" bezeichnet hat. Sie ist an das sog. Standardverfahren gebunden und bildet ein Ideal, das in der Praxis der Versorgung nur selten zu erreichen ist. Ihr Merkmal ist die Tendenzlosigkeit, das absichtsfreie Zuhören, das Deuten um der Aufklärung der Wahrheit willen (1933, S. 169) - sei es im einzelnen, in der Gesellschaft oder Kultur.

Auf der anderen Seite stehen die "Anwendungen auf medizinischem und nichtmedizinischem Gebiet" (1927, S. 295). Sie sind mit einer therapeutischen Zielorientierung verknüpft, mit der Notwendigkeit zur Modifikation der "idealen" Methode und zur Anpassung an die Voraussetzungen im Patienten, zur Orientierung an seiner inneren und äußeren Realität. Das "reine Gold der Analyse" wird in diesem Bereich, wie Freud (1919) vorausschauend glaubte, "reichlich mit dem Kupfer der direkten Suggestion [legiert]" (S. 193 f.). In diesem Bereich wird der Psychoanalytiker zum Exponenten der Medizinalisierung. Er wird Sachwalter der Werte, Normen und Ziele der sozialen Institution Gesundheitssystem.

Diese zwei Pole markieren das Spannungsfeld, in dem ein Psychoanalytiker grundsätzlich arbeitet. Es handelt sich also um konstitutierende Faktoren seines Berufes. Es handelt sich aber nicht um zwei divergierende Richtungen innerhalb der Psychoanalyse. Sie kommen mehr oder weniger deutlich in jedem Psychoanalytiker zur Wirkung. Mag der einzelne auch aufgrund seines Arbeitsschwerpunktes als Psychotherapeut, als Wissenschaftler, als Dozent oder in welchem Bereich auch immer dem einen oder dem anderen Pol besonders nahe sein, in seiner psychoanalytischen Funktion vertritt er doch immer beide. Er pendelt bisweilen zwischen beiden hin und her, bringt sie aber in irgendeiner Weise in sich und seiner Tätigkeit zusammen.

Die Fähigkeit, die Pole der psychoanalytischen Identität gewissermaßen zusammenzuhalten, ist aber nicht autonom. Sie ist an innere und äußere Voraussetzungen gebunden, die erfüllt sein müssen, damit die Spannungen in der Begegnung mit dem Unbewußten ausgehalten werden können.

Diese Spannungen ergeben sich aus der Bewegung zwischen Desintegration und Integration, in der sich der Analytiker im analytischen Prozeß ständig befindet, wenn er Übertragungen annimmt, mit eigenen Erfahrungen verbindet und auf diese Weise Gegenübertragungen verarbeitet. Diesen Prozeß hat Bion (1963) überzeugend als Modell für die psychoanalytische Arbeit beschrieben. Man könnte sie in seinem Konzept auch als gemeinsames "Lernen durch Erfahrung" charakterisieren. Wenn der Analytiker die Desintegration nicht mehr verarbeiten kann, ist er einer Regression ausgesetzt. Sie führt dazu, daß die Erforschung des Unbewußten zur Gefahr für sein Selbst wird. Dann löst sich auch die Verknüpfung zwischen Wissenschaft und Heilen, und die Eckpfeiler der psychoanalytischen Identität rücken wie unvereinbare Pole auseinander.

Zu den inneren Voraussetzungen der Fähigkeit, die Pole der psychoanalytischen Identität zusammenzuhalten, gehört eine psychische Verfassung, die man als Zuversicht bezeichnen könnte. Sie begründet die Fähigkeit, in der analytischen Situation Neues auszuhalten. Bion (1970, S. 125) nennt das die Negativkapazität (*negative capability*). Sie beruht auf dem Vertrauen auf einen zuverlässigen Schutz durch die inneren Objekte im Kontakt mit dem Unbekannten.

Wir werden als Psychoanalytiker dem Unbekannten im anderen nur dann zuversichtlich entgegenschauen, wenn wir sicher sein können, daß unsere inneren Objekte uns zuverlässig begleiten und zur Verfügung stehen. Sonst werden paranoide Ängste jede Begegnung schwerwiegend belasten oder sogar zerstören.

Feindselige innere Objekte werden durch unzureichend verarbeitete aggressive Erfahrungen und destruktive Phantasien angelegt. Sie können den Analytiker im analytischen Prozeß gefährden und seine Zuversicht zerstören. Sie werden die Fähigkeit beeinträchtigen, die Desintegrationsprozesse und Schmerzen auszuhalten, die mit der Erfahrung des Neuen verbunden sind. Damit beeinträchtigen sie die Fähigkeit, das Neue mit dem alten zu verbinden und zu neuen Erfahrungen zu verarbeiten. Die psychoanalytische Situation selbst wird dann als Gefahr erlebt.

Die Psychoanalytiker der zweiten und dritten Generation nach dem Unglück des NS-Staates sind in unserer Arbeit in besonderer Weise durch solche feindseligen inneren Objekte gefährdet. Zum einen sind sie - wie alle Deutschen - transgenerational mit dem Erbe einer unermeßlichen Zerstörung belastet. Dieses Erbe stammt aus der Zugehörigkeit zu einem Volk mit verbrecherischer Vergangenheit, aus der Familie und der persönlichen Biografie. Zum anderen sind viele in ihren Lehranalysen nicht dazu gelangt, die Folgen der Zugehörigkeit zum deutschen Volk mit seiner spezifischen Geschichte in der eigenen Person zu entdecken und sich dieses Erbe auf eine höchstpersönliche Weise anzueignen.

Diese Analysen waren oft selbst in eine transgenerationale Tradition des Wegschauens und Verschweigens eingebunden, eine Folge der Anpassungsgeschichte der Psychoanalytiker im NS-Staat. Diese Geschichte hat die Identifizierungen mit Freud und der Psychoanalyse beschädigt und begrenzt die Zuversicht, die jeden Analytiker im Umgang mit dem Unbewußten halten muß. Sie bereitet einer Denaturierung der psychoanalytischen Identität den Boden mit der Tendenz, eine pragmatisch-psychotherapeutische Teilidentität von einer "fundamentalistisch"-wissenschaftlichen getrennt zu halten.

Zu den äußeren Voraussetzungen einer integrierten und integrierenden psychoanalytischen Identität gehört eine Umgebung, welche die paranoiden Ängste auffängt oder sie zumindest nicht steigert, die mit dem andauernden Umgang mit dem Unbekannten, dem Unbewußten verbunden sind. Die alltägliche Umwelt muß es dem Analytiker erlauben, dem analytischen Prozeß einen sicheren Rahmen zu geben. Dieser Rahmen schützt nicht nur den Analysanden im Prozeß des Lernens durch Erfahrung. Er schützt auch den Analytiker. Denn beide können die Beunruhigung in diesem Prozeß nur aushalten, wenn sie in einem festen Rahmen gehalten wird. "Mit den mitunter katastrophalen Desintegrations- und Sinnlosigkeitsgefühlen, die mit Lernen durch Erfahrung verbunden sind," so meint auch Franz Wellendorf (1995, S. 254), können wir uns "nur auseinandersetzen, wenn wir den Rahmen als Zeichen dafür nehmen können, daß es eine Rückbewegung zur Integration geben kann."

Unser heutiger Staat gewährt uns die Freiheit, Psychoanalyse in einem angemessen geschützten Rahmen zu betreiben. Dieser Rahmen würde zerbrechen, wenn der soziale und politische Alltag der Psychoanalyse feindselig begegnen und nicht mehr den Schutz respektieren und gewähren würde, den der Analytiker für seine Arbeit braucht.

Auf bitterste Weise lehrt uns die deutsche Geschichte, daß Psychoanalyse nicht mehr möglich war, nachdem der Staat diesen notwendigen Schutzraum nicht mehr gewährleistete. Der Emigrant Bernhard Kamm kommentierte 1980 in einem Brief an Regine Lockot (1985, S. 214) diesen Zusammenhang: "Wenn nun die Umwelt, in der die Analyse unternommen werden soll, allzusehr der Strenge der ursprünglichen Umwelt nahekommt - oder sie sogar übertrifft - dann ist es für den armen Analysanden unmöglich, die befreiende Entdeckung zu machen, daß die ursprünglichen Drohungen ihre Macht verloren haben [...] Ein Analytiker würde sich selbst und seinen Analysanden täuschen und gefährden, wenn er so tun würde, als ob jetzt alles frei durchdacht und frei erörtert werden könnte. Beide, Analytiker und Analysand, müssen sich dessen bewußt bleiben, daß nichts geheim bleiben darf in einer solchen, von Paranoia dominierten Umwelt, und daß jederzeit eine Anzeige erfolgen kann [...] Wer kann in einer solchen Umwelt beweisen, daß Gedanken nicht zu Taten führen?"

Polarisierung und Desintegration

So ist die Verbindung von Wahrheitssuche und Heilung, von Ideal und Praxis zu einer angemessenen psychoanalytischen Identität ein sensibler und störbarer Prozeß. Unter normalen Bedingungen des persönlichen und sozialen Lebens können Analytiker diese Pole im allgemeinen genügend integrieren. Sie können dann in der analytischen Situation die Spannung verarbeiten, die sich aus dem Pendeln zwischen der Erfahrung des Neuen und dem Rückbezug auf das Vertraute ergibt. Sie können dann auch die Spannung zwischen der Angepaßtheit als analytischer Psychotherapeut und der relativen Außenseiterposition als Exponenten einer kritischen Wissenschaft verarbeiten.

Aber der Alltag verbirgt oft eine tiefere Beunruhigung, die sich aus Ängsten um eine angemessene Identität als Analytiker speist. Diese Vermutung beruht auf der Beobachtung der Polarisierungen und Konflikte, die in der gegenwärtigen Situation der Psychoanalyse in Deutschland erkennbar sind, und wenn man beobachtet, wie die Analytiker mit ihnen umgehen. Sie betreffen wichtige Fragen der psychoanalytischen Profession:

-   Die Abgrenzung von analytischer Psychotherapie und therapeutischer Psychoanalyse;
-   damit verbunden die Frage der Definition von Psychoanalyse als Methode oder als Verfahren
-   und die Abgrenzung einer "wahren", hochfrequenten Psychoanalyse gegenüber einem "verwässerten" Ansatz mit geringerer Frequenz;
-   die Frage, ob und wie die Psychoanalyse sich in einer "Facharztordnung" und einem "Psychotherapeutengesetz" organisieren soll oder ob sie nicht besser in privaten Vereinen organisiert bleiben sollte;
-   damit verbunden: Ausbildung innerhalb psychoanalytischer oder staatlicher Institutionen?
-   damit verknüpft auch die Fragen der Kandidatenzulassung, der Organisation der Selbsterfahrungsanalyse, die Breite oder Spezialisierung der Verfahren in der Ausbildung, der Frequenz der Lehranalyse und Ausbildungsbehandlungen, der Evaluation der Ausbildung;
-   der Einfluß in den medizinischen und psychologischen Disziplinen, Expansion in Psychiatrie und die übrige Medizin oder gewollter Rückzug und "Gesundschrumpfung"?
-   das Verhältnis zwischen psychotherapeutischer Versorgung und psychoanalytischer Sozialkritik;
-   die Fragen der Laienanalyse;
-   schließlich die Frage der Unterstützung der ostdeutschen Psychotherapeuten bei der Etablierung psychoanalytischer Institutionen;
-   und nicht zuletzt die Bedeutung der Vergangenheitsbewältigung, das Problem des Antisemitismus, die Beziehung

zwischen den Fachgesellschaften und die Beziehung der deutschen Psychoanalytiker zur IPV.

Viele dieser Fragen zeigen, wie die Gegenwart der Psychoanalyse von Problemen bestimmt wird, die auf die Polarität der psychoanalytischen Identität zwischen Wissenschaft und Praxis Bezug nehmen. Manche zeigen ganz offen die Unvereinbarkeit dieser Pole.

Beobachtet man nun, wie in psychoanalytischen Kreisen mit diesen Fragen umgegangen wird, so zeigt sich Erstaunliches: Sie werden zwar sehr ausführlich und differenziert diskutiert, aber viele, darunter selbst solche von grundsätzlichem und übergeordnetem Interesse, werden getrennt in den Fachgesellschaften erörtert, angegangen oder auch gelöst. In der gemeinsamen Dachorganisation werden dann häufig nur noch die Gruppenmeinungen vertreten, während gemeinsame Diskussionen und Initiativen noch immer Ausnahmen sind.

Vielleicht habe ich mit dieser Darstellung etwas überzeichnet und manche Veränderung der 90er Jahre nicht genügend berücksichtigt. Aber die überwiegende Dynamik zwischen den psychoanalytischen Gruppierungen trägt doch noch die Spuren der defensiven Vergangenheitsbewältigung der Nachkriegsjahre, die ich im 2. Kapitel dargestellt habe. Immer noch ist ein häufiger Umgang mit schwer lösbaren Fragen und Problemen eine Polarisierung, die zu einer Rollen- und Funktionsaufspaltung zwischen den Fachgesellschaften führt. Dabei hat die DPG oft noch immer die Position des Pragmatismus, den Anwendungspol, während die DPV die Position der "reinen" Psychoanalyse verwaltet.

Am Beispiel des Ringens um die Wiedereinführung der psychoanalytischen Behandlung mit mehr als 3 Wochenstunden[20] ließe sich das auch im Detail zeigen. Wie tief verwurzelt dabei die Ressentiments und Zuschreibungen sind,

---

20 Die Häufigkeit der Behandlungsstunden der psychoanalytischen Therapie in der Versorgung wurde 1993 auf drei Wochenstunden begrenzt. Drei Jahre später erreichten es die DPG, die DPV und die Dachorganisation DGPT in einer gemeinsamen Initiative, daß diese strikte Begrenzung wieder aufgehoben wurde.

zeigen zwei Äußerungen. Auf der einen Seite glaubte ein maßgeblicher Vertreter der DPG, die DPV wollte mit der Forderung nach hochfrequenter Behandlung das gesamte Richtliniensystem "kippen"; auf der anderen Seite hielt ein maßgeblicher DPV-Funktionär den damaligen Ausschluß der Hochfrequenz aus der Richtlinientherapie für eine "späte Rache Schultz-Henckes an der DPV".

Zerstörerische Phantasien also, von denen man sich durch Externalisierung befreite, Spuren einer unbewältigten Vergangenheit - trotz jahrelanger, intensiver Erinnerungsarbeit?

In diesem Zusammenhang steht auch das Buch von Annemarie Dührssen. Es ist ein Dokument, wie die differenzierte Erörterung dieser Fragen scheitert. Annemarie Dührssen erliegt einer Regression des Denkens, die den Spannungsbogen der psychoanalytischen Identität zwischen wissenschaftlichem Ideal und therapeutischer Praxis zerbricht. Auf diese Weise kommt sie zu einfachen, eindimensionalen Lösungen.

Sie wendet sich z.B. gegen die "'strenge, tendenzlose Analyse'" (S. 96) und setzt einseitig auf die niederfrequente und kurze Psychotherapie; sie polemisiert z.B. gegen "Fundamentalisten" (ebd.) und "sektiererische Gefühlseinstellungen […] orthodoxe[r] Psychoanalytiker" (S. 23) und bezieht einseitig Partei für den Facharzt für psychotherapeutische Medizin.

Letztlich verneint sie mit ihrer vereinfachenden Sicht das Wesen der Psychoanalyse. Darin kommt - ebenso wie in ihrer befremdenden Darstellung der Persönlichkeiten der Gründergenerationen - letztlich ein antijüdischer Affekt zum Tragen, der die ungelöste Identifizierung mit dem Rassismus des NS-Staates erkennen läßt. Hier äußert sich eine tiefe Bitterkeit über die Getrenntheit von Freud und einem schützenden psychoanalytischen Objekt. Schultz-Venrath beschreibt das als eine "tiefe unbewußte Enttäuschung über eine psychotherapeutische Ausbildung ohne Psychoanalyse" (1995, S. 398).

Mit ihrem Buch hat Annemarie Dührssen eine breite Woge der Empörung ausgelöst. Ich selbst war empört und beschämt und wäre froh, dieses Buch wäre niemals geschrieben worden. Trotzdem hat mich die heftige Reaktion auch nachdenklich gemacht, ja: beunruhigt. Ich habe manches daran sehr unerbittlich und verfolgend erlebt und nach einiger Zeit begonnen, mich zu fragen, ob es womöglich neben allem berechtigten Zorn auch defensive Motive gab, sich von Annemarie Dührssen und ihrem Buch zu distanzieren.

Aus einem zunehmenden Abstand fand ich zwei bejahende Antworten auf diese Frage. Die erste betraf die schmerzliche wiederkehrende Erinnerung daran, Angehöriger einer psychoanalytischen Gemeinschaft zu sein, die ihre antijüdische und antipsychoanalytische Vergangenheit durch einen Akt der Selbstspaltung zu bewältigen suchte, statt ihre Geschichte zu verantworten. Dührssens Buch hält als ein Symptom die Erinnerung an das Mißlingen der "Vergangenheitsbewältigung" wach. Es stellt die Illusion in Frage, die Wunden könnten verheilt sein, die die deutschen Psychoanalytiker in ihrer Vergangenheit in die Beziehung zur psychoanalytischen Bewegung geschlagen haben. Man könnte nun den Affekt von damals in der Gegenwart personifizieren, isolieren oder gar ausstoßen, um sich vor dieser Desillusionierung zu schützen. Speziell in der DPG schien das Bemühen in den vorangegangenen Jahren, die zerrissenen Bindungen wiederherzustellen, geradezu dazu herauszufordern.

Die zweite Antwort berührte mich sehr persönlich. Es geht um die Begegnung mit eigenen unbekannten NS-Identifizierungen. Um wenigstens anzudeuten, was ich meine, erwähne ich eine kleine Begebenheit bei dem Treffen deutscher und israelischer Psychoanalytiker in Nazareth im Jahre 1994.[21] Wie es in Gruppen geschieht, gab es in einer Sitzung unserer nationalen deutschen Gruppe an einer Stelle eine große Verwirrung und Ratlosigkeit, wie es weitergehen könnte. Plötzlich entstand die Idee, mit der israelischen Gruppe Kontakt aufzunehmen, die in einem anderen Raum tagte, und sie einzuladen, gemeinsam weiterzumachen. An dieser Stelle spaltete sie die Gruppe; während ein wichtiger Kollege aus dem Kreis der

---

21 Kreuzer-Haustein (1994).

DPV-Mitglieder energisch für die Einladung plädierte, war ausgerechnet ich der Sprecher derjenigen, die rieten, erst die eigenen Probleme zu klären und die jüdischen Kollegen zunächst draußen zu lassen ...

Ein defensives Motiv für die Distanzierung von Annemarie Dührssen und ihrem Text kann also darin liegen, eigenes Verdrängtes in ihr zu bekämpfen. Man kann sich auf diese Weise schmerzhaften Gefühlen entziehen, die mit der Erinnerung verbunden sind. Man kann dann in ihr Mütter und Väter bekämpfen und braucht nicht zu erfahren, wie deren Versagen in einem selbst fortwirkt. Distanzierung im Außenraum läßt einen dann nicht mit den Identifizierungen in Berührung kommen, die einen mit dem NS-Erbe als Deutsche und mit dem der Vergangenheit der Psychoanalyse verbinden.

Aber damit verhindert man auch die Trauer, die verändern und die Abwehr ersetzen könnte.

Spurensuche

Eine solche Abwehr hat Folgen. Denn für uns Deutsche nach dem Holocaust bilden die Verbrechen der NS-Zeit eine Matrix für paranoide Ängste, die unsere Fähigkeit begrenzt, uns dem Unbekannten in der Begegnung auszuliefern. Manches an Starrheit und Uneinfühlsamkeit im Umgang miteinander und mit sich selbst, die man dem deutschen Volkscharakter zuschreibt, dürfte mit einer kollektiven Angst vor dem Unbekannten zusammenhängen, mancher Übergriff mit dem Versuch, das Unbekannte im Fremden zu bekämpfen und zu beherrschen.

Für deutsche Psychoanalytiker der zweiten und dritten Generation führen diese Ängste zu einer bisweilen markanten Unsicherheit in der Beziehung zum Unbewußten, speziell in der Fähigkeit, sich mit Zuversicht der Übertragungsdynamik destruktiver Phänomene auszusetzen.

Sie äußert sich in verschiedener Weise. Manche modifizieren ihren methodischen psychoanalytischen Ansatz bis zur

Unkenntlichkeit, gebärden sich als trotzige Polypragmatiker und heimatlose Dissidenten. Andere klammern sich fest an Form, Regel und Tradition und ersticken die lebendige Entwicklung. Nur wenigen kommt die Frage, ob sie nicht gerade das in sich als Mangel erleben, was der andere im Übermaß propagiert. Manche versuchen, in aufwendigen Exkursionen über die Grenzen hinweg und bis ins Ausland, Neues zu erfahren und den gespürten Mangel auszugleichen.

Eine unmittelbare Folge der Unsicherheit scheint mir der Umgang mit dem NS-Erbe in den Analysen zu sein. Wenn ich meiner eigenen Erfahrung als Analytiker und Supervisor folge, dann kam das Nazi-Thema in den meisten Analysen über lange Zeit überhaupt nicht vor. Erst mit dem Beginn der Reflexion der Nazi-Vergangenheit in den 80er Jahren hat sich das geändert.

Zunächst entstand in vielen ein Erschrecken darüber, wie wenig Aufmerksamkeit die nationale Vergangenheit in ihrer analytischen Arbeit bis dahin gefunden hatte. Dann begann eine verstärkte Spurensuche. Nun wurden kasuistische Vignetten und Berichte häufiger, in denen die Identifikation mit Nazi-Eltern eine Rolle spielte. Manche wirkten sehr bemüht, eine Reaktion auf Schuldgefühle über bisher Unterlassenes. Ihnen fehlte der überzeugende Tiefgang, die leidvolle Beteiligung, die eine lebendige Erinnerung in uns auslöst. Es gab aber auch beeindruckende Beispiele, wie Söhne oder Töchter von Vätern, deren SS-Mitgliedschaft bekannt war, in der Analyse eine "mörderische" Übertragungs-Gegenübertragungs-Dynamik in Gang setzten. Sie forderten von ihren Analytikern das Letzte an Tragfähigkeit, Besorgnis und Scharfsinn.

Aber wie steht es mit Analysen von Menschen, die nicht die Kinder von direkten Tätern oder Opfern sind, wie steht es mit den Analysen der Kinder der Mitläufer? Mir sind kaum alltägliche Analysen bekannt, in denen die Folgen der NS-Vergangenheit im Analysanden eine bedeutende Rolle spielten und ausführlicher bearbeitet wurden. Wenn die staatspolitische Vergangenheit in solchen "ganz normalen deutschen Analysen" überhaupt zum Tragen kommt, dann scheint sich der

Prozeß häufig auf der Ebene zu bewegen, auf der sich der Analysand als Opfer des Schicksals seiner Eltern sieht, von denen er sich wütend abgrenzt oder mit denen er sich mitfühlend-entschuldigend identifiziert. Das Problem dieser Analysen scheint die Schwierigkeit zu sein, die Spuren des Vergangenen in der Übertragung und vor allem in der Gegenübertragung zu erkennen.

Diesen Mangel kann man als Angehöriger dieser Analytikergeneration schwerlich kristisieren. Aus meiner eigenen Arbeit kenne ich sowohl das Erschrecken, wenn ich bemerke, daß ich meinen Analysanden etwas schuldig bleibe, wenn das Nazi-Thema fehlt. Ich kenne die Versuchung, es dann in das "Material" hineinzukonstruieren, um mich zu entlasten.

Ich kenne aber auch die Ratlosigkeit, wenn schwerwiegende Destruktion und Vernichtungsphantasien in der Übertragung inszeniert werden. Mir ist vor allem auch die Unsicherheit vertraut, wenn ich mich dann in der komplementären Rolle des destruktiven Verfolgers befinde. Ich könnte an Kasuistiken zeigen, wie sich meine Aufmerksamkeit dann auf die Idee fixiert, doch nicht schuld zu sein an diesem Unglück, doch nicht wirklich zerstört zu haben. An die Stelle der ungebundenen Aufmerksamkeit tritt dann die Unfreiheit der Rechtfertigung oder der reaktiven Anschuldigung. Ich werde dann leicht von Ängsten und Schuldgefühlen überwältigt, die ich archaisch erlebe und die meine analytischen Funktionen lähmen.

Diese Lähmung habe ich nicht nur an mir beobachtet. Ich vermute, sie steht hinter vielen Phänomenen, die man als Befangenheit gegenüber dem Zerstörerischen in Analysen bezeichnen kann. Sie äußert sich als eine Blindheit für manche destruktive Dynamik, aber, vielleicht noch häufiger, auch als eine Übersensibilität für aggressive Prozesse, die verhindert, daß sich in der Übertragung Destruktion entfaltet und schließlich durchgearbeitet werden kann. Das Reden über die Aggression verhindert dann die Destruktion in der Begegnung.

Diese Phänomene haben ihre Wurzel in einer weit verbreiteten unbewußten, schwer zugänglichen Aggressionsfurcht. Aggression kann für deutsche Psychoanalytiker seit dem Holocaust nämlich leicht mörderische Destruktion bedeuten und in deutschen Analysen in der Übertragung, zumindest aber in der Gegenübertragung immer auch die Dimension der Mitbeteiligung an der kollektiven Täterschaft berühren.

Dann geht es letztlich um Vernichtung, ja: um Völkermord.

7 Forscherängste im Institutionsprozeß der Psychoanalyse

Frankfurt am Main ist eines der Zentren der Psychoanalyse in Deutschland. In einem kulturell unglaublich produktiven Klima bestand dort seit 1926 eine der drei auswärtigen psychoanalytischen Arbeitsgruppen außerhalb von Berlin vor der NS-Zeit. Mit dieser Arbeitsgruppe verbindet sich die Erinnerung an hervorragende Psychoanalytiker: Erich Fromm und Frieda Fromm-Reichmann, Heinrich Meng, Karl Landauer. Sie begründeten im Februar 1929 mit dem Frankfurter Psychoanalytischen Institut[22] einen interdisziplinären Diskurs zwischen Psychoanalyse und Sozialwissenschaft.

Am alten Frankfurter Institut wurde neben der klinischen Anwendung konsequent auch die Anwendung der Psychoanalyse im sozialen Feld gelehrt. Im Kontakt mit dem Institut für Sozialforschung unter der Leistung von Max Horkheimer waren die Psychoanalytiker kontinuierlich an der Erörterung von Zusammenhängen zwischen psychischen und sozialen Prozessen beteiligt.[23] Anfang 1933, unmittelbar nach der sogenannten Machtergreifung der Nationalsozialisten, stellte das Institut seine Arbeit nach vier Jahren fruchtbarster Tätigkeit wieder ein. Die Initiatoren und Mitglieder gingen bald in die Emigration. Das Institut für Sozialforschung wurde einen Monat später von den Nazis geschlossen.

Was ist aus der Frankfurter Tradition der Psychoanalyse geworden? Nach dem Kriege und dem Nationalsozialismus versuchte Alexander Mitscherlich ihr am Sigmund-Freud-Institut eine neue Heimat zu geben. Doch die Breitenwirkung, die davon auf die Psychoanalyse ausging, blieb recht begrenzt. Die Bedeutung der psychoanalytischen Sozialwissenschaft ist in der psychoanalytischen Identität nach dem Nationalsozialismus jedenfalls gering geblieben.

---

22 Vgl. Rothe HJ (1991), Plänkers u.a. (1996).
23 Fromm E u.a. (1936) "Autorität und Familie".

Ich habe die Eröffnung des Instituts für Psychoanalyse Frankfurt der DPG im November 1994 zum Anlaß genommen, um, im Sinne der Frankfurter Tradition, die besondere Bedeutung der Sozialanalyse für die psychoanalytische Identität genauer zu betrachten. Dabei rücken der Prozeß der Institutionalisierung der Psychoanalyse und insbesondere die damit verknüpften Ausbildungsfragen in den Blickpunkt.

Institutionalisierung als Bewältigungsprozeß

Den Hintergrund der Institutionalisierung der Psychoanalyse bilden die frühen vorinstitutionellen Ausbildungsformen und die Beziehungskrisen, die sie nach sich zogen. Freud hatte seine frühen Schüler, allen voran Ferenczi, in geradezu "altklassischer Weise im Spazierengehen" (Freud 1986, S. 260) in die Psychoanalyse eingeführt. Ab 1905 kamen dann die ersten persönlichen Analysen hinzu, in denen sich entwicklungsfördernde und didaktische Ziele zum Zwecke einer "Lehr"-Analyse verbanden.

Es ist schwer, einen genauen Zeitpunkt dafür auszumachen, wann Überlegungen begannen, diese ganz auf das Prinzip eines Meister-Schüler-Verhältnisses abgestellte Lehre zu institutionalisieren. Aus den Protokollen der Wiener Psychoanalytischen Vereinigung (Nunberg u. Federn 1976) ist zu entnehmen, daß die Diskussion sich um 1910 anläßlich der Gründung der Internationalen Psychoanalytischen Vereinigung daran entzündete, welche Voraussetzung ein neues Mitglied für die Aufnahme in die Vereinigung erfüllen sollte. Rasch kam die Idee auf, die Psychoanalyse durch die Vereinigung in Kursen zu vermitteln, wohl auch mit dem Hintergrund, einen gleichen Kenntnisstand unter den zukünftigen Mitgliedern zu erreichen und andere auszugrenzen.

Freud vertrat im Jahre 1910 in seiner Arbeit "Die zukünftigen Chancen der psychoanalytischen Therapie" die prägend gewordene Auffassung, daß jeder Psychoanalytiker nur soweit kommt, als seine eigenen Komplexe und inneren Wünsche es gestatten, und daß er seine Tätigkeit deshalb mit einer Selbstanalyse beginnen solle. Darin kündigte sich der entscheidende Schritt in der Institutionalisierungsgeschichte der psychoanalytischen Ausbildung an: die Institutionalisierung der Lehranalyse. Sie ist ein Versuch, Herr über das Problem der Gegenübertragung zu werden.

Für diese Sicht des Motivs, eine Lehranalyse zu fordern, spricht, daß Freud in dieser Zeit in seinen sogenannten technischen Schriften eine erste Normierung der psychoanalytischen Behandlungstechnik vorschlug und damit einen Rahmen setzte, der Abweichungen u.a. als Ausdruck von Gegenübertragungen erklärt und im Idealfall ausschließt. Dafür spricht auch, daß er in dieser Zeit ein Abstinenzkonzept entwickelte, das das Ziel hatte, Gegenübertragungen unter Kontrolle zu halten (Freud 1915).

Mit der Idee einer Lehranalyse ging es Freud zunächst darum, die psychoanalytische Methode zu verbessern und die Gegenübertragung als Störfaktor der Methode, wie er es damals sah, auszuschalten. Daneben gab es aber auch ein rein politisches Motiv: Die Psychoanalyse war nämlich um 1910, vor allem durch die Jung-Spielrein-Affäre[24], ins Gerede gekommen, und so bestand ein politisches Anliegen darin, mit der Lehranalyse der Gefahr für das gesellschaftliche Ansehen, vielleicht ssogar für die Existenz der Psychoanalyse zu begegnen.

Hier zeigt sich in Freuds Haltung eine Ambiguität zwischen Methode und Organisation, zwischen Wissenschaft und Politik. Darin liegt ein Zwiespalt, der die gesamte weitere Entwicklung prägte und bis heute nicht aufgelöst erscheint. Er hat seine Grundlage in der Unvereinbarkeit von Freuds unbestechlicher Haltung als Forscher und Wissenschaftler und seinem Bedürfnis nach Anerkennung und Macht.

---

24 C.G. Jung hatte 1904 die Behandlung der jungen russischen Patientin Sabina Spielrein übernommen, die er als seine erste Patientin psychoanalytisch behandelte. Diese Behandlung mündete in ein Liebesverhältnis und führte in eine dramatische Verstrickung (vgl. Cremerius 1987).

Als Forscher lieferte Freud sich in seiner Selbstanalyse selbst seiner Methode aus und machte sich damit verletzlich - bis hin zur Veröffentlichung seiner Träume. Als Wissenschaftler stand und stellte er sich durch seine aufklärerische Theorie außerhalb der bürgerlichen Tradition und ihrer Regeln. Damit setzte er sich der Gefahr aus, isoliert, kritisiert und gleichsam verfolgt zu werden. Dem stand seine Sehnsucht nach Sicherheit, mitmenschlicher und gesellschaftlicher Geltung und Anerkennung gegenüber. Diese trat in verschiedener Weise in Erscheinung. Beispiele dafür sind das Zugeständnis, das er machte, als er die Verführungstheorie der Neurosen aufgab, das Ringen um Geltung der Psychoanalyse im Gesundheitswesen anläßlich der Erfolge bei der Behandlung der Kriegsneurosen sowie Freuds Politik in der psychoanalytischen Bewegung, die eine Infragestellung seiner Autorität nicht zuließ.

Der Konflikt zwischen dem Bedürfnis nach Sicherheit und haltender Beziehung und dem nach Wissen und Geltung ist der Grundkonflikt, in den jeder Forscher gerät, der wirklich Neuland betritt. Steiner (1985) hat dargestellt, daß er ihn unweigerlich paranoid-schizoiden Ängsten aussetzt. Freud hat diesen Konflikt schwer ertragen. Bei ihm kam hinzu, daß eben dieser Konflikt in seiner Beziehung zu seinem wichtigsten Schüler Jung konkrete äußere Formen annahm und schließlich dazu führte, daß die persönliche Freundschaft zwischen beiden zerbrach. Damit scheiterten auch die weitreichenden Pläne und Erwartungen, die Freud im Zusammenhang mit dem Aufbau der psychoanalytischen Bewegung in Jung als nichtjüdischen Präsidenten der Vereinigung gesetzt hatte. Dieser ließ eine lebenslange Wunde in ihm zurück. Sie wurde später durch ähnlich motivierte Brüche zu anderen wichtigen Schülern, insbesondere zu Rank und Ferenczi, wieder aufgerissen und konnte niemals verheilen.

So kann man Freuds Bemühen, die psychoanalytische Bewegung zu institutionalisieren, als einen Versuch verstehen, die Ängste des Forschers durch Formalisierung der Psychoanalyse und Aufrichtung eines normativen Rahmens zu bewältigen. Die Institutionalisierung sollte die paranoiden Phantasien des Forschers im Umgang mit dem noch Unerforschten und Fremden binden und durch die Ausgrenzung des Nichtbeherrschten bändigen.

Hier liegt ein zentrales Motiv der Geschichte der psychoanalytischen Institutionen, das auch von Karen Brecht (1993) in ihrer "Kritik der Institutionalisierungskritik" so beschrieben wird. Die Gefahr und die Tragik dieser Entwicklung liegt darin, daß Neuerungen, die ein gewisses Maß an Fremdheitserleben überschreiten, unter der Wirkung dieser Dynamik als Gefahr für das Ganze erlebt werden und ausgegrenzt werden müsssen, anstatt als Bereicherung die Entwicklung zu befruchte und voranzutreiben.

Im Dilemma zwischen Aufklärung und Macht

In der Entwicklungsgeschichte der Psychoanalyse kam diese Dynamik der generellen Tendenz von Gruppen entgegen, sich zu formellen Verbänden zu organisieren. Ein entscheidender Markstein war dabei die Gründung des Berliner Psychoanalytischen Instituts im Jahre 1920. Die Gründung geht auf den 5. Psychoanalytischen Kongreß zurück, der 1918 in Budapest stattfand.

Es war jener denkwürdige Kongreß, auf dem sich anläßlich des Themas der Behandlung von Kriegsneurosen ein intensives Interesse der Gesundheitspolitik auf die Psychoanalyse richtete, die durch ihre Behandlungserfolge an Geltung gewonnen hatte. Freud (1919) hatte diesen Anlaß genutzt, um auf das neurotische Elend der breiten Bevölkerungsschichten hinzuweisen, denen die Psychoanalyse aus wirtschaftlichen Gründen versagt war. In einem zukunftsweisenden Entwurf sah er dort die Schaffung von Instituten voraus, an denen psychoanalytisch ausgebildete Ärzte angestellt sein würden, um die arme Bevölkerung unentgeltlich "durch Analyse widerstands- und leistungsfähig zu erhalten" (S. 193).

Nunberg[25] machte auf demselben Kongreß den Vorschlag, eine obligatorische Lehranalyse für künftige Psychoanalytiker einzuführen.

Im Berliner Institut, das aus einer Poliklinik und einem Lehrinstitut bestand, nahmen beide Ideen eine Form an. Freuds Vision von einer unentgeltlichen psychoanalytischen Behandlung und einer zunehmenden Breitenwirkung der Psychoanalyse wurde verwirklicht. Zugleich wurde die Lehranalyse ein zentraler Bestandteil der institutionalisierten psychoanalytischen Ausbildung. Wenn man es szenisch und nicht rational-logisch betrachtet, war das die Folge der Berührung der Psychoanalyse mit dem Gesundheits- und Militärwesen auf dem Budapester Kongreß, d.h. mit der staatlichen Macht.

Die Bedeutung der Institutsgründung für die Institutionsgeschichte der Psychoanalyse liegt m.E. in dem Schritt von der personalisierten zur normierten Ausbildung. Mit ihr rückte die Ausbildung aus der Dynamik der Familiarität von Kleingruppen in den Bereich von Großgruppenprozessen. An die Stelle regulierender persönlicher Beziehungen nach dem Prinzip des Meister-Schüler-Verhältnisses trat die normative Regulierung durch Statuten und formalisierte Prozesse (Wittenberger 1987), etwa in Gestalt von Auswahlverfahren, Prüfungen und von der Institution kontrollierten Analytikerkarrieren.

Interessant ist dabei das Junktim zwischen dem Engagement der Psychoanalyse im sozialen Feld und der Einfügung des persönlichen Erfahrungsprozesses der künftigen Analytiker in den Rahmen einer institutionalisierten, d.h. gesellschaftlich kontrollierten Ausbildung. Dieses Zusammentreffen war eine Paradoxie, mir der die Psychoanalyse dem Konflikt auswich, in den sie mit ihrer sozialkritischen Grundposition geraten war.

Auf der einen Seite wollte sie den einzelnen gegenüber gesellschaftlichen Zwängen emanzipieren. Auf der anderen Seite begann sie, die Kräfte des Widerspruchs in den eigenen Reihen zu bändigen, indem sie die Kontrolle über die Lehranalyse beanspruchte. Damit entzog sie ihre eigene Organisa-

---

25 Zit. nach Wittenberger (1987).

tion der sozialkritischen Analyse. Auf diese Weise sicherte sie die Kontrolle über maßgebliche interne Prozesse. Die Kandidatenauswahl und das Monopol, Lehranalytiker zu ernennen, waren dabei die entscheidenden Regulative.

Kritiker der "Lehranalyse in der Institution", z.B. Balint (1948) und Cremerius (1989), lassen keinen Zweifel daran, daß diese Form der persönlichen Analyse nicht zur Emanzipation und zur Befreiung von gesellschaftlich bedingter Verdrängung führen kann, sondern sublimal die Anpassung an die Institution fördert. Sie sehen in ihr ein mehr oder weniger verdeckt gehandhabtes Medium der Machtausübung und des Machterhaltes der psychoanalytischen Institution.

In dieser Kritik findet allerdings ein anderer Aspekt zu wenig Berücksichtigung, nämlich die Frage, wieso diese Form der Lehranalyse dennoch so weite Verbreitung gefunden hat und sich bei den meisten Neugründungen von Ausbildungsinstituten durchgesetzt und bis heute gehalten hat.

Es handelt es sich hier um ein sich selbst reproduzierendes soziales System, das durch Rituale, wie Freud (1921) sie in "Massenpsychologie und Ichanalyse" beschrieben hat, gesichert wird. Dabei scheint das von Meerwein (1988) betonte Bedürfnis eine Rolle zu spielen, mit der Erschaffung des Dreiecks Analysand - Analytiker - Institution die Identifikation des Kandidaten mit der Institution zu fördern und dadurch seine psychoanalytische Identität formal zu sichern.

Bei der Diskussion über die Nachteile dieser Institutionalisierung auf den Prozeß der Lehranalyse wird betont, daß mit dem Übergang der Ausbildungsverantwortung an die Institution der Raum, in dem die Begegnung der Kandidaten mit dem Unbewußten sich vollzieht, verändert und erweitert wird (Balint 1948). Die Institution wird damit zum Bezugspunkt für den Übertragungsprozeß. Faktisch kommt es dabei zu einer mehr oder weniger deutlichen Aufsplitterung der Übertragung, im Extremfall zu einer Konfusion zwischen institutionsbezogenem und dyadischem Prozeß, die die Orientierung und das Durcharbeiten erschwert. Sie bringt die Gefahr mit sich, daß der Übertragungspart, der sich auf die Institution bezieht, nicht in der Beziehung zur Institution aufgearbeitet werden kann, weil im institutionellen Prozeß die Regeln der Realbeziehung herrschen und nicht die des psychoanalytischen Dialogs. Ich werde auf diese Zusammenhänge im nächsten Kapitel zurückkommen.

Die Folge einer nicht genügend bearbeiteten institutionellen Übertragung ist indessen eine latente Ambivalenz gegenüber der psychoanalytischen Institution. Sie äußert sich im Zwiespalt zwischen Idealisierung und Entwertung der Psychoanalyse und als Beharrlichkeit, sie um jeden Preis so zu erhalten, wie sie ist. Erdheim (1993) sieht darin die Auswirkung einer nicht analysierten Totemisierung der Person Freuds, die zur Folge hat, daß die Exzentrizität und lebendige Auseinandersetzung in den psychoanalytischen Gruppierungen einer autonomie- und aggressionsfeindlichen Familiarität zum Opfer fällt.

Institution ohne Sozialkritik

Zehn Jahre nach der Gründung veröffentlichte die DPG einen Bericht über das Berliner Instiutut, in dem die Aufbruchsstimmung der 20er Jahre spürbar wird: Die Überzeugung von der Psychoanalyse als der "*wahren* Psychotherapie" (Simmel 1930), von ihrer Wirtschaftlichkeit und Zweckmäßigkeit, der Glaube an die zunehmende Durchdringung breiter Bevölkerungsschichten mit psychoanalytischem Gedankengut, der Anspruch der Psychoanalytiker auf bestimmte Macht- und Entscheidungspositionen im öffentlichen Gesundheitswesen.

Vor allem aber verfügt man mit der Poliklinik nun über einen Ausbildungsrahmen für Psychoanalytiker, in dem "schon längst nicht mehr nur Vorlesungen, sondern auch seminaristische Übungen und Kolloquien" durchgeführt werden und in denen "planmäßig orientierte Leitsätze den auszubildenden Therapeuten durch das ganze theoretische und praktische Gebiet der Freudschen Psychoanalyse" (Simmel 1930) führt. Stolz bezeichnet Simmel das Institut als eine "kleine

Hochschule", und er feiert als "ein unerhörtes Novum" in der medizinischen Ausbildung die Lehranalyse als Voraussetzung für die Aufgabe, als Analytiker tätig zu werden.

In dieser Aufbruchstimmung hatten nachdenkliche und kritische Stimmen keinen Platz. Die heftige Kritik von Rank und Tausk an Nunbergs Vorschlag auf dem Budapester Kongreß, die Lehranalyse obligatorisch zu machen[26], fand keine Resonanz. Freud selbst schwieg dazu, obwohl er sich nach dem Zeugnis von Bernfeld (1952) noch 1922 durchaus vorstellen konnte, daß Analytiker ihre ersten Erfahrungen zunächst ohne Lehranalyse sammeln und Schwierigkeiten dann bearbeiten könnten, wenn sie sich einstellen.

Es gibt auch keine Dokumente darüber, daß es in der psychoanalytischen Gruppe eine Reflexion über die unbewußten Prozesse gegeben hat, die die Institutionalisierung herbeiführten und die durch sie in Gang gesetzt wurden. Stattdessen wurde die institutionalisierte Lehranalyse, etwa im Beitrag von Sachs (1930) zum 10-Jahres-Bericht des Instituts, ausschließlich als Fortschritt für die Entwicklung einer Kompetenz im Umgang mit dem Unbewußten gewürdigt. Nur ihre positive Bedeutung, ihre "Wichtigkeit" für die Patientenbehandlung, für die psychoanalytische Bewegung (sic!) und für die Wissenschaft wurde betont. Problematisiert wurden höchstens technische Probleme wie die Auswahl von Kandidaten und die Frage der Beendigung der Lehranalyse.

Das Aussparen der eigenen Institutionsprozesse aus der analytischen Reflexion ist um so erstaunlicher, als die Verknüpfung von institutioneller Struktur und individuellem Prozeß im Fokus der Ideologie des Institutes lag, wie man dem Schlußsatz von Simmels (1930) Bericht entnimmt: "Die ... Ausbreitung, die die psychoanalytische ... Wissenschaft ... durch das ... Institut gefunden hat, bedeutet ein Stück psychoanalytischer Behandlung der öffentlichen Meinung selbst, d.h. ein Stück Befreiung von den unseligen Mechanismen, die zwischen der Kultur und ihren Geschöpfen, die doch auch gleichzeitig ihre Schöpfer sind, zwangsläufig bestehen."

---

26 Diese Hinweise entnehme ich ebenfalls Wittenberger (1987).

Es ist nicht leicht, zu verstehen, welche Motive dazu beigetragen haben, daß die eigene Institution nicht in diesen sozialkritischen Ansatz mit einbezogen wurde, um den Fehlentwicklungen zuvorzukommen, die heute im Mittelpunkt der Kritik an der analytischen Ausbildung stehen: Der Verschulung, der Abkapselung gegenüber Nachbarwissenschaften, dem verdeckten Umgang mit Macht, der Hierarchisierung und Stiftung autonomiefeindlicher Abhängigkeiten, der Reduzierung der psychoanalytischen Methode auf eine analytisch orientierte Psychotherapie - bis hin zu der Frage, ob nicht eine Wurzel der beschämenden Geschichte der Psychoanalyse im Nationalsozialismus im System der institutionalisierten Ausbildung lag, die eher die Anpassung fördert als daß sie für den Machtmißbrauch sensibilisiert.

Im Bericht von Simmel schwingt allerdings in dem Stolz auf die erfolgreiche Etablierung der Psychoanalyse in Berlin auch eine untergründige Bedrohung durch eine im Grunde bekämpfte Umwelt mit. Die Etablierung der psychoanalytischen Institute in Wien, London, Budapest und Haag "und in nächster Zeit auch in New York", die er als Früchte der Berliner Gründung aufzählt, wirkt in diesem Zusammenhang, als ginge es um Vorposten in einer fremden Welt, von denen aus die Gesellschaft erobert werden und mit psychoanalytischen Ideen durchdrungen werden müßte.

Eine solche Polarisierung zwischen psychoanalytischer Bewegung und gesellschaftlichem Prozeß ist eine defensive Größenphantasie, mit der die Organisierung der eigenen Institution als Teil des gesellschaftlichen Prozesses verleugnet wird. Eine treibende Kraft für diese Verleugnung mag das generelle Bedürfnis von Institutionen zu sein, ihren Bestand zu wahren (Dahmer 1989). Dem entspricht das Bedürfnis der psychoanalytischen Bewegung nach Kontrolle und Machterhalt. Es steht im Mittelpunkt der landläufigen Kritik der psychoanalytischen Institutionsgeschichte und ist womöglich noch immer nicht fest genug im Bewußtsein der psychoanalytischen Identität verankert.

Zwischen Konformität und Widerspruch

In dem Bedürfnis, die Gesellschaft zu durchdringen, klingt untergründig die Vision mit an, schließlich, wenn dieses Ziel erreicht ist, in Übereinstimmung mit der Gesellschaft zu sein. Darin liegt eine Abwehr der Verfolgungsängste des Forschers, die ich eingangs beschrieben habe. Sie stammen aus zwei Quellen: Aus der ursprünglichen Außenseiterposition der Psychoanalyse in dieser Gesellschaft und aus der notwendigen Selbstverunsicherung des Analytikers in seiner Arbeit.

Die Außenseiterposition beruht auf dem genuin sozialkritischen Ansatz der Psychoanalyse. Solange sie nämlich ihre Aufgabe darin sieht, sich mit den gesellschaftlichen Zuständen zu befassen, welche Verdrängungen herbeiführen und Unbewußtes produzieren, solange steht sie in einem Widerspruch zur Gesellschaft und nicht auf ihrer Seite. Die Folge ist eine Isolierung in der Gesellschaft, die für den einzelnen Psychoanalytiker mit der unbewußten Angst verbunden ist, ausgesetzt und von unentbehrlichen Lebensquellen abgeschnitten zu sein.

Zu einem ähnlichen Ergebnis gelangt man, wenn man die Geschichte der institutionalisierten Psychoanalyse als Inszenierung einer unbewußten Phantasie betrachtet. Dann erscheinen die Anpassung an die Gesellschaft, das Abrücken von der sozialkritischen Außenseiterposition und die Medizinalisierung als Ausdruck eines institutionellen Bedürfnisses nach Übereinstimmung mit der Gesellschaft. Die Spannungen, die durch die Inhalte der Psychoanalyse als Sozialkritik entstehen, werden durch die Institutionalisierung gemäßigt und sollen durch sie womöglich ganz aufgehoben werden.

Die zweite Quelle der Verfolgungsängste besteht darin, daß der Analytiker in der psychoanalytischen Begegnung Teilnehmer an einem intersubjektiven Prozeß ist, den er zugleich analysieren will. Diese Doppelrolle impliziert eine permanente unterschwellige Selbstinfragestellung und Selbstverunsicherung und steht im krassen Gegensatz zu dem individuellen Bedürfnis nach Schutz und Orientierung. In dieser Situation erhält "die Psychoanalyse", konkretisiert als Theorie und Institution, eine Schutzfunktion. An die Stelle der psychoanalytischen Dyade tritt das Dreieck Analysand - Analytiker - psychoanalytische Institution.

Diese Dynamik trägt im Zusammenwirken mit unbearbeiteter institutioneller Übertragung dazu bei, daß die psychoanalytische Institution idealisiert und aus lebendigen Veränderungen ausgeklammert wird. Die Institution wird intrapsychisch ein unveränderlicher Fels in der Brandung der Neurose. Sie wird zum beständigen Dritten, zum Rahmen für die analytische Begegnung. Soll er das Wagnis der analytischen Begegnung und die beständige Auslieferung des Analytikers an regressive Prozesse und unbewußte Dynamik innerhalb der psychoanalytischen Begegnung schützend ermöglichen, dann muß er allen Stürmen trotzen und unverändert aus allen Kämpfen hervorgehen. Eine Veränderung würde tiefe Ängste freizusetzen und die Fähigkeit des Analytikers auf die härteste Probe stellen, sich auf das Unbekannte einer jeden analytischen Begegnung von neuem einzulassen.

Die Tradition der Berliner Gründung lebt ungebrochen bis in unsere Tage fort. Was aber den Analytikern im Kreis um Simmel damals als strahlender Aufbruch erschien, steht heute im Zentrum vielfältiger Kritik von innen und von außen. Die Kritiker entwerfen von den analytischen Instituten düstere Bilder von Freudlosigkeit, Starrheit, Verschlossenheit. Nicht alles an dieser herben Kritik läßt sich einfach als Polemik zurückweisen.

Wenn man die Situation vor dem Hintergrund der unbewußten Institutionsprozesse betrachtet, dann gelangt man zu dem Schluß, daß die Strukturen der psychoanalytischen Ausbildung einem Komplex innerer Bedürfnisse und Phantasien entsprechen. Diese Strukturen ermöglichen es, die Spannungen zu bewältigen, die aus der psychoanalytischen Methode selbst entstehen. Die Beständigkeit der psychoanalytischen Institutionen schafft einen sicher erscheinenden äußeren Raum, in dem die Analytiker immer aufs neue dem Unbewußten begegnen können.

Auch die Medizinalisierung erhält vor diesem Hintergrund einen neuen Sinn. Man kann sie als das Ergebnis einer Übertragung des Bedürfnisses nach Schutz und Halt im Umgang mit dem Unbewußten auf die Institution Medizin verstehen, als Bedürfnis nach einer festen Einbindung als Sicherung gegen drohende Isolierung. Wie stark darin existenzielle Ängste gebunden sind, wird deutlich, wenn man berücksichtigt, daß die Zahl der Analytiker in Deutschland inzwischen so groß geworden ist, daß es gar nicht mehr denkbar ist, ohne die Einbindung in die Versorgung überleben zu können.

Der Preis für diese Einbindung ist zwangsläufig, der inneren und äußeren Logik dieses Prozesses folgend, eine zunehmende Distanz gegenüber den sozialkritischen Grundpositionen der ursprünglichen Psychoanalyse. Diese Bewegung wurde am deutlichsten von den Amerikanern mit der Wendung hin zur Ich-Psychologie vollzogen. Auch die Verlagerung des dynamischen Fokus vom gesellschaftlichen zum intrapsychischen Konflikt im Rahmen der Objektbeziehungstheorie kann als eine solche Bewegung betrachtet werden. In den letzten Jahrzehnten manifestiert sie sich in Deutschland vor allem als eine immer stärkere Konzentration der Ausbildung auf die versorgungsmäßig maßgebliche zeitbegrenzte analytische 2 bis 3-Stunden-Psychotherapie.

Dabei geraten die Psychoanalytiker allerdings in ein kaum lösbares Dilemma. Indem die Psychoanalyse auf Psychotherapie reduziert wird, begrenzt sie ihre Ziele auf Symptomreduktion und Verhaltensänderung. Damit entsteht unweigerlich eine Rivalität mit anderen Psychotherapieverfahren in Hinblick auf das versorgungspraktische Ziel, mit geringem Aufwand eine maximale Verbesserung des Befindens zu erreichen. Die Befreiung von pathogenen Mechanismen der gesellschaftsbedingten Verdrängung wird dann zu einer Utopie, die die Psychoanalyse in ein versorgungspolitisches Abseits bringt. Es ist für die Verantwortlichen in der Versorgung unerheblich. Mit der Beschränkung auf ihre medizinische Anwendung gerät die Psychoanalyse also in die Gefahr, aus der Versorgung herauszufallen.

Rasche Lösungen des Institutionalisierungskonfliktes zwischen psychoanalytischem Anspruch und gesellschaftlicher Praxis, zwischen institutionellem Prozeß und individuellem Sicherheitsbedürfnis, zwischen Emanzipation und Anpassung sind nicht in Sicht. Wahrscheinlich muß er auch noch klarer erkannt werden, damit nicht rasche Lösungen neuen institutionellen Abwehrformen Tür und Tor öffnen. Auch ist die Gefahr nicht zu gering zu veranschlagen, die darin liegt, daß die komplexen Zusammenhänge auf einen einzigen Faktor reduziert werden.

Bei der zentralen Stellung, die die Lehranalyse in dieser Dynamik einnimmt, erscheint mir aber eine Entflechtung von Selbsterfahrung und Didaktik in der psychoanalytischen Ausbildung ein unverzichtbarer Schritt. Diesen Gedanken will ich im folgenden Kapitel weiterführen. Ich sehe nämlich in der institutionsgebundenen Lehranalyse die Gefahr, daß ein Teil der Kreativität in der Beziehung zur psychoanalytischen Institution in Teilübertragungen aufgespalten und ungenutzt gebunden bleibt. Ungeklärte Abhängigkeiten und unbewußte Bindungen behindern dann den Wandel, den die Psychoanalyse und ihre Institutionen so dringend brauchen.

8 Die Sozialisation und das Verantwortungsgefühl des Psychoanalytikers

Es gibt in der Geschichte der Psychoanalyse eine Tradition der Konformität, die im krassen Widerspruch zu ihren aufklärerischen Zielen und emanzipatorischen Idealen steht. Sie ist in einer inzwischen umfänglichen Literatur dokumentiert, die sich insbesondere mit der Weltanschauungsdebatte der 20er Jahre und mit der politischen Geschichte der deutschen und der internationalen psychoanalytischen Institutionen in den 30er und 40er Jahren befaßt. Im vorigen Kapitel habe ich dieses Thema unter dem Aspekt der Institutionalisierungskonflikte aufgegriffen.

Diese Tradition wird aber oft verleugnet. Mehr oder weniger unbemerkt beeinflußt sie die Institutionsgeschichte der Psychoanalyse jedoch auch heute. Als Dreh- und Angelpunkt dieser Tradition wird von den Kritikern der psychoanalytischen Institutionen, z.B. von Bernfeld (1952) und Cremerius (1989), vor allem die institutionalisierte Ausbildung gesehen. Ich möchte diese Kritik in diesem Kapitel aufgreifen und mich besonders der Frage zuwenden, welchen Beitrag die psychoanalytische Ausbildung leistet, um das Verantwortungsgefühl des künftigen Analytikers zu fördern.

Destruktivität und Verantwortung

Verantwortungsgefühl beruht auf der Fähigkeit, die Winnicott (1963) "capacity for concern" nennt, die Fähigkeit, besorgt zu sein. Besorgnis ist das positive Pendant zum Schuldgefühl. Sie bezieht sich auf eigene destruktive Triebimpulse und entsteht durch die Integration von zwei Objektvorstellungen, die von Winnicott als "Mutter der Umwelt" und als "Objekt-Mutter" bezeichnet werden.

Die Mutter der Umwelt repräsentiert Pflege und Fürsorge, während die Objekt-Mutter ohne Rücksicht auf die Folgen bedenkenlos als Objekt roher Triebspannungen verwendet wird und Ziel von Angriffen und Zerstörungen ist. Ein zentraler Schritt in der Entwicklung des Menschen ist die Umformung der paranoiden Angst, die Objekt-Mutter zu zerstören oder zerstört zu haben, in sog. depressives Schuldgefühl, das als Besorgnis verinnerlicht wird. Dieser Schritt wird durch Wiedergutmachung an der Mutter der Umwelt vollzogen.

Dieser Prozeß ist aus psychoanalytischen Behandlungen gut bekannt. Wenn Analysanden in der Übertragung mit ihren destruktiven Impulsen in Berührung kommen, beginnen sie, die Beziehung zu spalten. Haß, Destruktivität und Neid wüten dann in der Übertragung gegen den Analytiker. Die Übertragung wird in diesen Phasen der Analyse von einer rücksichtslosen Objektverwendung beherrscht. Zugleich erleben sie in der Anwesenheit des Analytikers, in seinem Bemühen um Verstehen und in Deutungen die überdauernde Beziehung, die Winnicott als "Mutter der Umwelt" beschreibt. In der normalen Entwicklung hat die familiäre Umwelt die Funktion, Voraussetzungen dafür zu schaffen, daß Destruktivität durch Wiedergutmachung integriert werden kann. Diese Funktion wird in der Analyse durch den Analytiker repräsentiert.

Genuines Verantwortungsgefühl unterscheidet sich grundsätzlich sowohl von Abwehrhaltungen, die unintegrierten Haß und Sadismus unbewußt halten, als auch von altruistischen Einstellungen, die das eigene Leid am anderen lindern. Angesichts der labilen Dynamik am Angelpunkt zwischen schizoider und depressiver Entwicklungsposition ist es jedoch natürlich, daß das Verantwortungsgefühl in unserer Lebens- und Berufswirklichkeit eine Mischung aus einer depressiven und einer paranoiden Verarbeitung von Wut, Haß, Neid und Sadismus ist.

Das Bedürfnis, unbewußten Sadismus und unbewußte Destrktivität wiedergutzumachen, ist ein grundsätzliches Motiv für die Berufswahl in helfenden Berufen. Es spielt auch bei der Berufswahl als Psychoanalytiker eine maßgebliche Rolle.

Eine reife Berufswahl in sozialen Berufen setzt allerdings voraus, daß die Betroffenen über ein genügend entwickeltes *genuines* Verantwortungsgefühl verfügen. Die Fähigkeit, Besorgnis für Analysanden zu entwickeln und in den Stürmen destruktiver Übertragungsbeziehungen aufrechtzuerhalten, erfordert einen guten Zugang zur eigenen Destruktivität, die sich auch in der Übertragung gegen die Analysanden richten kann. Besorgnis setzt voraus, daß der Analytiker fähig ist, seine Einfühlung auch unter dem Einfluß von Haß und Destruktion in der Gegenübertragung beizubehalten oder zurückzugewinnen.

Ebenso fordert die Besorgnis um die Gesellschaft und Umwelt, in der wir und unsere Analysanden leben, ein unbefangenes Verhältnis zur eigenen sozialen und ökologischen Destruktivität. Es hat wenig Sinn und bietet geringe Chancen, wenn man als Analytiker Probleme aus einer Außenposition heraus kritisiert, statt sie zunächst in sich selbst nachzuvollziehen. Das hat die Psychoanalyse lange nicht genügend berücksichtigt. Sie ist dadurch als Gesellschaftswissenschaft nach einer Zeit der großen Entwürfe in eine kritische Position drohender Bedeutungslosigkeit gelangt.

In diesem Sinne beschreibt Devereux (1967) als Ausgangspunkt der sozialwissenschaftlichen Forschung "die persönliche Verstrickung des Verhaltenswissenschaftlers mit seinem Material und die Realitätsverzerrungen, die diese 'Gegenübertragungs'-Reaktionen nach sich ziehen" (S. 28). Und entsprechend meint auch Erdheim (1982) in Bezug auf die Ethnopsychoanalyse: "Die Analyse der fremden Erfahrung muß immer mit der Analyse der eigenen Erfahrung verknüpft sein" (S. 27). Und später: "Sich in diesen Prozeß einzulassen bedeutet, daß man sich ebenso über die eigene kulturelle Geprägtheit wie über diejenige des Partners bewußt werden muß" (S. 33).

Eine Chance eröffnet sich also erst durch die Wahrnehmung, selbst in die sozialen und ökologischen Prozesse, wie Ausübung von Herrschaft, Macht, Gewalt und Unterdrückung, wie Ungerechtigkeit, Ausbeutung und Zerstörung, eingebunden und an ihnen beteiligt zu sein. Nur aus der Erfahrung der Teilhabe ergeben sich auch Einflußmöglichkeiten. Im "Widerspruch im Subjekt" schreibt Parin (1978) ganz in diesem Sinne: "Das Ich ist erst imstande, seine (gesellschaftliche) Rolle zu reflektieren, wenn es die Vor- und Nachteile, die sie ihm bietet, abwägen ... kann" (S. 118).

Bei einem Treffen mit Analytikern im Frühjahr 1991 zum Thema "Wir Psychoanalytiker und der Golfkrieg" fanden diese Ansichten eine Bestätigung. In zwei Tagen versuchten wir miteinander eine Annäherung an unsere Reaktionen auf die Bilder und Nachrichten aus Irak, Saudiarabien und Israel.

Natürlich hatten die Fernsehbilder Erinnerungen an Fotos aus dem 2. Weltkrieg wachgerufen, in manchen auch persönliche Erlebnisse von Krieg, Flucht und Zerstörung. Es machte sich eine spezifische Betroffenheit breit, eine Solidarisierung mit der Zivilbevölkerung, die mit Kritik an den Alliierten verbunden war. Es bestand auch Erleichterung, für diesen Krieg keine direkte Mitverantwortung zu haben. Rasch stellte sich auch Sorge um Israel ein. Sie geriet zusehends aber in Widerspruch zu sadistischen Phantasien, die Saddam Hussein in manchen der Teilnehmer wachgerufen hatte, und die auch noch einmal Bilder der Nazi-Brutalität in der Gruppe erweckten.

Nach und nach entdeckten wir gemeinsam eine Faszination an der perfekten, fernsehgesteuerten, menschenlosen Kriegsmaschinerie, die sich uns jeden Abend in den Fernsehnachrichten präsentierte. Allmählich breitete sich darüber auch ein Gefühl des Grauens aus und - in einer zweiten Phase der Identifikation mit den Opfern - eine nachdenkliche Besorgnis...

Es gab natürlich kein greifbares Ergebnis dieses Seminars. Aber es gab am Ende bei vielen Teilnehmern den Eindruck, in den Gefühls- und Phantasiestürmen der letzten Monate eine Orientierung zurückgewonnen zu haben, die sie mit einer gewissen Sicherheit erfüllte. Ein Teilnehmer faßte sie für sich in die Worte: "Ich habe viel über mich erfahren. Anfangs dachte ich, ich will diesen Krieg nicht, weil ich friedfertig bin. Jetzt aber weiß ich: Ich will ihn nicht, weil ich kriegerisch bin."

Aus dem Rückblick erscheint dieses Seminar mir als eine Erfahrung, die die Teilnehmer in ihrem Verantwortungsgefühl vorangebracht hat, weil es ihnen einen Zugang zu destruktiven Phantasien und Impulsen erschloß, die der Golfkrieg in ihnen wachgerufen hatte. Dabei bildete die Gruppe eine haltende Umwelt. Sie half das "Gute" zu bewahren, wie Winnicott (1963) schreibt: "Die Vorstellung von der Zerstörung ... kann ertragen werden, wenn das Individuum ... den Beweis für ein konstruktives Ziel bereits zur Hand hat und für eine [Umwelt], die bereit ist, zu akzeptieren" (S. 103).

Die Fähigkeit zur Betroffenheit über die eigene Destruktivität ist also der Kern des genuinen Verantwortungsgefühls und ein fundamentales Element der psychoanalytischen Berufsidentität. Bietet nun aber die Sozialisation als Psychoanalytiker eine genügend fördernde Umwelt, in der es gelingt, die Fähigkeit zur Betroffenheit weiterzuentwickeln? Enthält die psychoanalytische Ausbildung genügend günstige Voraussetzungen, um die paranoide Entwicklungsposition ausreichend zu bearbeiten und den Schritt von Verfolgungsängsten hin zum Verantwortungsgefühl auf eine sichere Basis zu stellen?

Die Ausbildung als Rahmen für Entwicklungsprozesse

Die zentrale Voraussetzung für eine solche Entwicklung ist ein stabiler Rahmen. Er besteht aus den ausdrücklichen und unausgesprochenen Vereinbarungen und Regeln für den psychoanalytischen Dialog. Dabei geht es vor allem um zwei Aspekte: Für den Analysanden geht es um die Möglichkeit, daß er im analytischen Dialog alles äußern kann, was ihm durch den Sinn geht, ohne daß er Folgen in seiner äußeren, sozialen Realität erwarten muß. Für den Analytiker geht es darum, die verbalen und averbalen Äußerungen des Analysanden und seine eigenen Selbstwahrnehmungen als Inszenierung einer unbewußten Beziehungsphantasie zu verstehen und sich darauf zu konzentrieren, diese Phantasie - jenseits von Zwängen der äußeren Realität - deutend bewußt zu machen.

Dieser Rahmen schafft eine besondere Kommunikation und eine besondere Qualität der Beziehung, die die Psychoanalyse von allen Alltagsdialogen unterscheidet; erst durch diesen Rahmen entsteht der analytische Raum. Er bietet den notwendigen Schutz, damit unbewußte Phantasien sich szenisch und verbal entfalten und dann bearbeitet werden können.

Der psychoanalytische Prozeß entspannt sich zwischen Inszenierungen von Phantasien und der Beständigkeit des Rahmens. Im Konzept Winnicotts repräsentiert der Rahmen die Mutter der Umwelt, die den Analytiker zur Objektmutter und den Analysanden zum Objektkind werden läßt. Erst ein stabiler Rahmen, der den analytischen Dialog vom Alltagsdialog klar abgrenzt, ermöglicht eine unbewußte Objektverwendung und erschließt die Möglichkeit, diese bewußt zu machen und durchzuarbeiten.

Die traditionelle psychoanalytische Ausbildung ist indes dadurch gekennzeichnet, daß die analytischen Prozesse und die Vermittlung von theoretischem Wissen und methodischen Fertigkeiten eng miteinander verbunden sind. In Deutschland besteht die Regel, daß die Lehranalyse die gesamte Ausbildung begleiten soll. Dabei wird im allgemeinen davon ausgegangen, daß die Lehranalyse organisatorisch ein Teil der Institutsausbildung ist und von einem Mitglied des Instituts durchgeführt wird. Üblicherweise ist diese Funktion an bestimmte Voraussetzungen gebunden, so daß die Lehranalyse als eine besonders qualifizierte Analyse gilt.

Es besteht zwar inzwischen die Einigung, daß über den Inhalt von Lehranalysen geschwiegen wird. Wenn über einen Kandidaten im Institut beraten wird, verläßt sein Lehranalytiker meistens den Raum. In den meisten Instituten wird aber registriert, wer bei wem in Lehranalyse ist, in den übrigen besteht dieses Wissen informell. Manche Institute fordern auch noch eine Zustimmung des Lehranalytikers zu Examen, mindestens aber eine Bescheinigung über die Anzahl der Lehranalysestunden. Wichtige Entscheidungen, die die Analyse betreffen, etwa Unterbrechungen und Abbrüche, müssen gemeldet werden.

So ist die Lehranalyse alles andere als eine höchstpersönliche Angelegenheit zwischen Analysand und Analytiker. Sie spielt sich als eine ganz besondere Analyse in einer schwer faßbaren Verantwortung gegenüber dem Institut ab - im Rampenlicht der Institutsöffentlichkeit, jedoch gleichsam in der Verhüllung.

Diese besondere Situation bleibt natürlich nicht ohne Wirkung auf die Beziehung zwischen Analysand und Analytiker. Einerseits gibt sie beiden das Erlebnis des besonderen, abgegrenzten Raumes im Institut. Andererseits sind die Grenzen dieses Raumes nicht klar erkennbar und nicht stabil.

Einerseits bewirkt die Neigung zur Idealisierung der Analyse bisweilen, daß der analytische Umgang über die Grenzen der Analyse hinaus ausgedehnt wird, und leistet einer Befangenheit Vorschub. Bisweilen greift das Institut auch indirekt in den analytischen Raum mit ein, indem der Kandidat implizite Aufträge aus seinen Supervisionen mitbringt oder wenn ein Examen hinausgezögert wird, weil die Lehranalyse noch nicht weit genug fortgeschritten sei.

Andererseits empfinde ich es als peinlich, bei der Beratung über meine Kandidaten den Raum zu verlassen, denn die Grenzsetzung findet dabei am falschen Ort statt. Indem ich nämlich überhaupt erscheine, mache ich bereits öffentlich eine Aussage über unsere Beziehung, die eigentlich in die Selbstanalyse gehört.

Die Dynamik zwischen Lehranalyse und Institut wird dadurch noch weiter belastet, daß reale Macht von der Institution ausgeht, in die der Kandidat durch die Bewertung seiner Arbeit und seiner Persönlichkeit, aber auch der Analytiker indirekt durch die Rückmeldung seines Erfolges eingebunden ist. Die Lehranalyse findet also in der Abhängigkeit statt. Besonders die Inszenierung gespaltener Objektimagines bewegt sich dadurch in der Gefahr, nicht ohne Folgen in der äußeren Realität zu bleiben.

Die eine Schwierigkeit liegt darin, daß Spaltungen nicht auf die Ebene der Phantasie über zwei Teilobjektfunktionen des Analytikers begrenzt bleiben, sobald das Institut als Bühne der Externalisierung einbezogen wird. Durch Spaltung schafft der Kandidat dann vielmehr eine Situation, die mit der realen Doppelfunktion des Analytikers als sein Lehranalytiker und als Mitglied des Instituts zusammentrifft.

So kann die Bloßstellung des Analytikers durch einen Kandidaten, der im Institut versagt, zu einem folgenschweren realen Angriff werden, wenn der Lehranalytiker sich noch am Anfang seiner Karriere befindet und die Genehmigung für weitere Lehranalysen vom Erfolg seiner ersten Fälle abhängig gemacht wird. Wenn das Institut auf solche Projektionen reagiert und sie bestätigt, wird aus der Phantasie bittere Wirklichkeit. Wenn diese Dynamik durch Gruppenrivalitäten noch zusätzlichen Wirklichkeitsgehalt erhält, dann wird der Gesamtkomplex unanalysierbar. Das Ergebnis ist die Bildung eines malignen Introjektes, das Limentani (1986) den "verfolgenden inneren Analytiker" genannt hat. Es ersetzt das genuine Verantwortungsgefühl des Analytikers und kann auch durch Verlängerung der Ausbildung nicht aufgelöst werden.

Eine andere Schwierigkeit hat Balint (1948) mit dem Gegenstück dieser Dynamik untersucht. Er kam zu dem Ergebnis, daß die negative Übertragung nicht bearbeitet werden kann, wenn der Analytiker in seiner Güte von anderen angezweifelt und damit angegriffen wird. Solche Angriffe aktivieren die Phantasie der Rettung des Vaters und führen zur Verhinderung oder Verdrängung der Ambivalenz. Das Ergebnis sind fixierte idealisierte Übertragungen, die auch nach der Lehranalyse nicht gelöst werden können. Sie bilden die Grundlage für Intoleranz, Sektierertum und Bekehrungswut und die Basis für destruktive Gruppenbildungen innerhalb des Instituts und der psychoanalytischen Gesellschaften.

Das Problem unserer traditionellen Ausbildung entsteht also dadurch, daß die Grenze zwischen analytischem Raum und Institut in der Realität nicht strikt eingehalten werden kann. Damit gerät die Lehranalyse in ein unauflösbares Dilemma: Die imaginäre Grenze des analytischen Raumes wird aufgelöst, der Schutz, den sie für das Erlebnis regressiver Prozesse gewährt, wird vermindert oder sogar zerstört. Phantasie und Realität werden vermischt. Spaltungsprozesse, die erforderlich sind, um die Fähigkeit zur Betroffenheit weiterzuentwickeln, werden daher leicht verschleiert, nicht erkannt, die Chance zur Analyse der negativen Übertragungsaspekte kann nicht ausreichend genutzt werden.

In der Praxis gibt es viele Lehranalysen, auf die sich die Einbindung in die Ausbildungsinstitution nicht als besondere Beeinträchtigung auswirkt. Wenn sich der analytische Prozeß nämlich im wesentlichen auf klassisch-neurotischem Niveau abspielt, können Nebenübertragungen auf die Institution zumeist ohne weiteres analysiert werden und die Selbsterfahrung fördern. Für diese Lehranalysen meinen Analytiker wie Beland (1992) zu recht, daß die agierende Verwendung der Gruppensituation durch den Kandidaten den Erkenntnisprozeß fördern kann.

Probleme entstehen dagegen, wenn die Regression den Bereich der Partialübertragungen erreicht und die Analyse sich auf die paranoid-schizoide Entwicklungsposition einpendelt. Dann entsteht die Gefahr, daß eine Integration der Teilaspekte unter den Bedingungen der Institution im analytischen Prozeß erschwert wird, den Prozeß beeinträchtigt oder ihn gar zum Scheitern bringt. Unter diesen Bedingungen bildet sich dann ein Paranoid, das auch nach Ende der Analyse und der Ausbildung noch weiterwirkt. Im Extremfall sollen "Blumen auf Granit" wachsen, um es mit dem Titel eines erschütternden Berichts (Drigalski 1980) über eine derart gescheiterte psychoanalytische Ausbildung zu sagen.

Natürlich muß man als Lehranalytiker versuchen, aus diesen Gegebenheiten das beste zu machen. Unter den gegebenen Umständen gibt es gar keinen anderen Weg. Damit wird aber keine angemessene Konsequenz aus den offensichtlichen Mängeln des psychoanalytischen Ausbildungssystems gezogen. Sie werden durch halbherzige Zugeständnisse und Kompromisse sogar verhindert, weil diese die Mängel verschleiern.

Eine angemessene Konsequenz wäre die Entscheidung, endlich die organisatorische Einheit von kognitiv-methodischer Ausbildung und persönlichen Erfahrungs- und Entwicklungsprozessen in der Ausbildung zum Analytiker aufzulösen und die persönliche Analyse aus den Instituten und aus der Ausbildung herauszunehmen. Das ist seit Jahren immer wieder gefordert worden (vgl. Cremerius 1989). Man würde damit die Voraussetzung für den Erfolg von Lehranalysen erheblich verbessern.

Die Lehranalyse soll heute ja etwas ganz anderes sein, als was Freud sie noch 1937 verstanden hat: Mehr als eine Hinführung zur Methode mit dem Ziel, ein sicheres Gefühl für die Existenz des Unbewußten zu erlangen, und etwas völlig anderes als ein Mittel zur Beurteilung der Persönlichkeit. Unter der Perspektive der Bearbeitung der paranoiden Entwicklungsposition soll sie die Integration früher Teilobjektbeziehungen fördern und stabilisieren. Nur so kann sie den künftigen Analytiker auf den Umgang mit destruktiven Phänomenen vorbereiten, denen er in Klinik und Gesellschaft allenthalben begegnet. Das aber erfordert die strikte Grenzsetzung zwischen analytischem Raum und Umwelt und eine Entbindung von jeder Art von Reglementierung.

Ausbildungskritik ohne Konsequenzen

Der Strukturkonflikt der psychoanalytischen Ausbildung ist seit Jahrzehnten bekannt. Ich erinnere nur an die wegweisende Kritik von Balint (1948), Bernfeld (1952), Anna Freud (1976) und an Cremerius (1989), der zum heftigsten Kritiker des traditionellen Ausbildungssystems geworden ist. Dennoch sind grundsätzliche Veränderungen nicht zu erkennen. Um es mit einer Formulierung Freuds (1937) zu sagen: Wir scheinen es erlernt zu haben, "Abwehrmechanismen anzuwenden, die es gestatten, Folgerungen und Forderungen der Analyse von der eigenen Person abzulenken" (S. 95). Die Frage ist nur, warum wir das tun.

Ich habe den Eindruck gewonnen, daß die "Analyse in der Lehrsituation" (Anna Freud 1938) neben der Befriedigung von Macht- und Geltungswünschen und der Wahrung von ökonomischen Vorteilen einem unbewußten regressiven Bedürfnis der Psychoanalytiker entgegenkommt und deshalb nicht ernsthaft in Frage gestellt wird. Es ist das Bedürfnis nach Harmonie in einem Arbeitsfeld, das von rücksichtsloser Objektverwendung geprägt ist - von Liebe und Haß, Begehren und Zerstörung. Lehranalysen, in denen negative Teilobjektbeziehungen auf Beziehungen im Institut abgelenkt werden können und der Analytiker anhaltend idealisiert wird, bilden in diesem Arbeitsfeld Inseln der Entlastung.

Dem Bedürfnis des Lehranalytikers nach Harmonie steht auf der Seite der Institute das Bedürfnis nach Kontrolle und Machterhalt gegenüber, an dem der Lehranalytiker als Mitglied des Instituts auch teilhat. So schafft eine Lehranalyse, die in das Institut eingebunden ist, dem Lehranalytiker in zweifacher Weise Befriedigung, die zum Widerstand gegen die Reflexion der Umgebungsfaktoren und gegen ihre Veränderung werden kann.

Mit der Fortsetzung des Prinzips, wider besseren Wissens Lehranalysen in der Lehrsituation zu betreiben, wird das Kontrollbedürfnis der Institution als Vehikel zur Befriedigung verborgener Bedürfnisse der Analytiker benutzt. Solche Analysen stehen in der Gefahr, ihr Ziel zu verfehlen und Anpassung an eine unzureichende Umwelt zu fördern, statt Wege zur Autonomie und Verantwortung zu eröffnen.

Freud war mit seiner visionären Idee angetreten, den einzelnen autonomer gegenüber Zwängen der Gesellschaft zu machen. Heute leben die Psychoanalytiker in demokratischen Ländern in weitgehender Konformität mit der Gesellschaft, die in der sie arbeiten. In manchen Ländern wie in Deutschland stehen sie in einer ökonomischen und berufspolitischen Abhängigkeit, die eine autentische Gesellschaftskritik ausschließt. Die Psychoanalyse, die sie vertreten, und die Art, wie sie von ihnen vertreten wird, steht nicht mehr in einem ernsthaften Widerspruch zu ihrer gesellschaftlichen Umwelt. Der Institutionskonflikt der Psychoanalyse, den Dahmer (1989) als einen Konflikt zwischen einem revolutionären kulturkritischen Ansatz und einer bürgerlich-konservativen Organisation beschrieben hat, ist inzwischen zugunsten der Sicherung des Bestandes entschieden.

Um so klarer muß man sehen, daß Konformität und Abhängigkeit auch blind machen können, wenn es darum geht, der Destruktivität, vor allem im gesellschaftlichen Bereich, sicher zu begegnen.

Es wäre aber eine Illusion zu meinen, die Psychoanalyse könnte durch Aufklärung oder Gesellschaftskritik der Destruktivität im Großen wirksam begegnen. Freud selbst erkannte schon seine anfängliche Hoffnung auf die gesellschaftliche "Allgemeinwirkung" (1910, S. 112) der Psychoanalyse in den letzten Jahren seines Schaffens als "utopische Hoffnung" (1932, S. 24). Auf Gesellschaftsprozesse kann höchstens der einzelne als Staatsbürger durch politisches Engagement und persönliches Beispiel einwirken - mit den bescheidenen Perspektiven, die dem einzelnen oder Gruppen bleiben. Geistige Unabhängigkeit und psychoanalytisches Wissen können dabei allerdings eine Hilfe sein.

Wenn es darum geht, der Destruktivität dort zu begegnen, wo sie täglich unmittelbar im gesellschaftlichen Leben in Erscheinung tritt, bedarf es aber eines ungebrochenen Verantwortungsgefühls und realistischer Überzeugungen. Den Psychoanalytikern wird es durch ihre Sozialisation nicht leicht gemacht, sich daran mit genuin psychoanalytischen Beiträgen zu beteiligen. Ich habe versucht zu zeigen, daß das traditionelle Ausbildungssystem der Psychoanalyse der Förderung dieser Fähigkeiten entgegensteht.

Darin vermute ich eine unbemerkte Anpassung an die repressiven Mechanismen, die jede Gesellschaft prägen. Sie hat ihre Wurzeln in der Konformität der psychoanalytischen Bewegung mit dem Grundprinzip aller Gesellschaften, dem Selbsterhalt ihr kritisches Potential zu opfern.

9 Der Zeitgeist und die Zukunft der Psychoanalyse

Mitte der 90er Jahre befindet die Psychoanalyse sich in einem Umbruch. Ich möchte diese Umbruchssituation in diesem abschließenden Kapitel skizzieren und zu den Folgen Stellung nehmen, die dadurch für den Beruf des Psychoanalytikers zu erwarten sind, sowie einige Perspektiven benennen, die den Bestand der Psychoanalyse als wissenschaftliche Disziplin und Praxis sichern könnten. Dazu knüpfe ich an die berühmten Spekulationen an, die Freud in der Situation des Umbruchs am Ende des Ersten Weltkrieges über die Zukunft der Psychoanalyse vorgetragen hat.

Damals war die Psychoanalyse noch gleichsam eine Privatwissenschaft und auf einen kleinen Kreis von Analytikern, die mit wenigen Patienten arbeiteten, begrenzt. Sie erweckte in Kreisen von Intellektuellen Interesse, in der Öffentlichkeit zwiespältige Aufmerksamkeit und in Fachkreisen die von Freud selbst beklagten Widerstände. Ihre Bedeutung für die Versorgung der Bevölkerung war minimal. Es gab erst seit wenigen Jahren eine Organisation der Psychoanalytiker und noch nicht einmal eine offizielle Ausbildung.

1918 fand in Budapest ein internationaler Psychoanalytikerkongreß statt, auf dem Freud seine berühmt gewordenen, 1919 im Druck veröffentlichten Ideen über die zukünftigen "Wege der psychoanalytischen Therapie" vortrug. Er sagte u.a.: "Sie wissen, daß unsere therapeutische Wirksamkeit keine sehr intensive ist. Wir sind nur eine Handvoll Leute... Gegen das Übermaß von neurotischem Elend ... kommt das, was wir davon wegschaffen können, quantitativ kaum in Betracht. Außerdem sind wir durch die Bedingungen unserer Existenz auf die wohlhabenden Oberschichten der Gesellschaft eingeschränkt... Für die breiten Volksschichten ... können wir derzeit nichts tun. Nun lassen Sie uns annehmen, durch irgend eine Organisation gelänge es, unsere Zahl so weit zu vermehren, daß wir zur Behandlung von größern Menschenmassen ausreichen... Dann werden also Anstalten und Ordinationsinstitute errichtet werden, an denen psychoanalytisch ausgebildete Ärzte angestellt sind ... Diese Behandlungen werden unentgeltlich sein ... Dann wird sich für uns die Aufgabe ergeben, unsere Technik den neuen Bedingungen anzupassen... Wir werden sehr wahrscheinlich genötigt sein, in der Massenanwendung unserer Therapie das reine Gold der Analyse reichlich mit dem Kupfer der direkten Suggestion zu legieren..." (1919, S. 192/93).

In den 90er Jahren haben diese Visionen sich weitgehend erfüllt: Die Zahl von Ärzten, Psychologen und sogenannten Laien, die psychoanalytische Behandlungen durchführen, reicht inzwischen tatsächlich aus, um "größere Menschenmassen" zu behandeln, und zwar "unentgeltlich". Sie haben tatsächlich ihre "Technik den neuen Bedingungen [angepaßt]", indem sie Psychoanalyse in einem breiten Spektrum von Verfahren anwenden, und sicher hat auch das "Kupfer der Suggestion" - unter dem Aspekt der "Stützung" und der Nutzung unspezifischer Psychotherapieeffekte - in psychoanalytisch konzipierten Behandlungen seinen Platz gefunden. Doch angesichts der Veränderungen im Umfeld der Psychoanalyse ergeben sich auch jetzt wieder Fragen nach der ihrer Zukunft.

Psychoanalyse im Wandel der 90er Jahre

Mitte der 90er Jahre steht die Psychoanalyse nämlich vor einem wahrscheinlich weitreichenden Wandel, der in Deutschland vor allem durch berufsständische Neuregelungen, die Anfang der 90er Jahre beschlossen wurden, in Gang gesetzt werden wird. Neue Regelungen in der ärztlichen Weiterbildungsordnung gliedern die Psychotherapie nunmehr in den Kanon der ärztlichen Fachgebiete ein mit all den daraus resultierenden Konsequenzen für die Ausbildung und das Niederlassungsrecht, die auch die Psychoanalytiker betreffen. Zugleich sind Politiker und Psychologenverbände dabei, die psychologische Psychotherapie zum dritten Heilberuf zu machen, und es scheint nur eine Frage der Zeit, bis ein entsprechendes "Psychotherapeutengesetz" beschlossen wird.

Die Positiva dieser Entwicklung sind beträchtlich: Die Psychotherapie und mit ihr natürlich die psychoanalytische Therapie erfährt in diesen Neuregelungen eine bis dahin niemals dagewesene staatliche und gesellschaftliche Anerkennung. Für die psychologischen Psychoanalytiker bedeutet ein Psychotherapeutengesetz die Anerkennung ihres berechtigten Anspruches auf unabhängige Berufsausübung, für die ärztlichen Analytiker ein "Facharzt für Psychotherapeutische Medizin" Existenzsicherung und Prestigezuwachs.

Aber der Gewinn ist - was die Belange der Psychoanalyse betrifft - teuer erkauft: Die Einheit und die relative Unabhängigkeit des Berufsstandes der Psychoanalytiker ist in Gefahr. Ihre berufspolitischen und Standesinteressen werden zusehends von rivalisierenden ärztlichen und psychologischen Vereinigungen ausgehandelt, in denen sie zahlenmäßig in die Minderheit geraten. Die wissenschaftsprägende Allianz zwischen Psychologen, Ärzten und sogenannten Laien in der Psychoanalyse ist von widerstreitenden Interessenskonflikten zwischen den Grundberufen bedroht.

Subsidiarität der psychoanalytischen Institute im Rahmen von universitären Ausbildungen psychologischer Therapeuten und von psychotherapeutischen Facharztausbildungen in Kliniken, staatliche Facharzt- und Diplomprüfungen als Qualifikationsnachweis, vielleicht sogar eine staatliche Mitfinanzierung der Institute - all das wird die Organisationsstruktur der Psychoanalyse nachhaltig verändern und völlig neue Bezüge und Abhängigkeiten schaffen.

Solche weitreichenden Veränderung der berufsständischen Situation kann nicht ohne Wirkung auf die berufliche Identität bleiben. Psychoanalytiker der 90er Jahre sind ohnehin nicht mehr jene unangepaßten geistigen Abenteurer, als die Anna Freud die ersten Generationen von Analytikern beschrieben hat. Sie sind Glieder in einer durchorganisierten Versorgungskette und betreiben ein öffentlich-rechtlich finanziertes Dienstleistungsgeschäft.

Leitlinien psychoanalytischer Arbeit sind nach den Vereinbarungen über die öffentliche Finanzierung psychoanalytischer Behandlungen Symptomminderung und Bewältigung der äußeren Realität. Für die Berufsidentität vieler Psychoanalytiker - Teilnehmer an der kassenärztlichen Versorgung oder auch Staatsbeamten auf Lebenszeit - dürfte das Sicherheits- und Erhaltungsprinzip stärker bestimmend sein als Lust am Experiment, am Widerspruch oder auch nur Freude an der unangepaßten Individualität.

Dabei steht außer Frage, daß nicht nur die Medizin durch das weitgefächerte Spektrum von analytischer Psychotherapie eine Bereicherung erfahren hat. Auch die Psychoanalyse hat sich in der Bewältigung medizinischer Aufgaben entwickelt und weiterentwickelt. Die Perspektive allerdings, daß die Neuregelungen zu einer einseitigen Versorgungsorientierung der Psychoanalyse führen werden und daß die wissenschaftliche Basis der Psychoanalyse in Praxis, Ausbildung und Denktradition der Psychoanalytiker immer mehr verblaßt, ist beunruhigend.

In seiner Zukunftsvision über die Anwendungen der Psychoanalyse hat Freud (1919), wie erwähnt, geschrieben: "Wir werden sehr wahrscheinlich genötigt sein, in der Massenanwendung unserer Therapie das reine Gold der Analyse reichlich mit dem Kupfer der direkten Suggestion zu legieren." Später fährt er dann allerdings fort: "Aber wie immer sich auch diese Psychotherapie fürs Volk gestalten, aus welchen Elementen sie sich zusammensetzen mag, ihre wirksamsten Bestandteile werden gewiß die bleiben, die von der strengen, der tendenzlosen Psychoanalyse entlehnt worden sind" (S. 193/194).

Wenn man diese Sichtweis auf die heutige Situation überträgt, dann stehen die Psychoanalytiker der 90er Jahre vor der Aufgabe, sich auf die Essentials der Psychoanalyse zu besinnen, um sie vor Verflachung und einem unreflektierten Pragmatismus zu bewahren. Um es in den Metaphern zu formulieren, die Freud gebrauchte: Wenn sie Meister der Massenanwendungen ihrer Methode bleiben wollen, müssen sie über genügend reines Gold verfügen, seine Eigenschaften kennen und Meister sein, es zu verwenden. Nur unter dieser Voraussetzung können die Legierungen auch gelingen.

Die strenge Psychoanalyse wird von Freud (1927, S. 295) im Nachwort zur "Laienanalyse" als "wissenschaftliche Psychoanalyse" bezeichnet und "ihren Anwendungen auf medizinischem und nichtmedizinischem Gebiet" gegenübergestellt. Diese Unterscheidung zwischen Methode und Anwendung ist in der oft unfruchtbaren Auseinandersetzung um die Abgrenzung zwischen Psychoanalyse und analytischer Psychotherapie klärend. Die Methode als solche ist tendenzlos; sie ist durch den Pol des Forschens gekennzeichnet: "Man konnte nicht behandeln, ohne Neues zu erfahren," schreibt Freud (1927, S.293), "man gewann keine Aufklärung, ohne ihre wohltätige Wirkung zu erleben." Die Heilung ist ein gewünschtes, aber nicht das primäre Ziel der wissenschaftlichen Verwendung der Psychoanalyse.

Freud (1914) hat die "wissenschaftliche" Psychoanalyse als die Forschungsmethode definiert, die die Übertragung und den Widerstand anerkennt und zum Ausgangspunkt ihrer Arbeit nimmt. In diesen Begriffen enthalten sind die maßgeblichen psychoanalytischen Konzepte des Unbewußten, des Konfliktes, der Abwehr und der Regression. Seither hat das wissenschaftliche Gebäude der Psychoanalyse sich durch An- und Umbauten erheblich verändert.

Vor einigen Jahren hat Wallerstein (1989) beim internationalen psychoanalytischen Kongreß in Rom den Versuch unternommen, die Merkmale der psychoanalytischen Wissenschaft zu bestimmen. Er spricht von dem Dilemma, daß die Psychoanalyse heute aus multiplen (und divergierenden) allgemeinen Theorien über psychisches Funktionieren, psychische Entwicklung, Pathogenese, Behandlung und Heilung besteht. Eine Lösung des Dilemmas sieht er in der Auffassung von George Klein, der zwischen einer allgemeinen psychoanalytischen Theorie, z.B. der Metatheorie, und einer erlebnisnahen klinischen Theorie unterscheidet. Klein hält die klinische Theorie für die einzig notwendige für den Psychoanalytiker und übrigens die einzige, die durch klinische Daten belegt werden kann. Sie bezieht sich auf Daten des Hier und Jetzt, Daten des Gegenwarts-Unbewußten im Sinne von Sandler und Sandler. Und Wallerstein sieht die psychoanalytische Methode in dem Prinzip repräsentiert, diese Daten des Hier und Jetzt in der klinischen Theorie von Übertragung und Widerstand, von Konflikt und Abwehr zu deuten.

Diese Überlegungen implizieren, daß das Wesen der psychoanalytischen Methode durch das Primat der Übertragungsanalyse - genauer: durch Erhellung und Bearbeitung der unbewußten Beziehungsphantasien, die sich in der Begegnung zwischen Analysand und Analytiker entfalten, hinreichend beschrieben ist. Die Anwendung dieser Methode mit der einzigen "Tendenz", die innere Welt und die "subjektive Wahrheit" des einzelnen zu erhellen, ist danach die wissenschaftliche Basis der Psychoanalyse, das reine Gold, von welchem Freud sprach.

Diese Basis ist der Ausgangspunkt für die wissenschaftliche Erkenntnis und klinische Anwendungen im medizinischen und nichtmedizinischen Bereich. Den Bestand der Psychoanalyse als Wissenschaft und Psychotherapie zu bewahren, erfordert deshalb die Pflege der so verstandenen psychoanalytischen Methode mit bestimmten Konsequenzen für die Praxis der psychoanalytischen Ausbildung und Psychotherapie, auf die ich zum Abschluß noch eingehen werde.

Der Zeitgeist und die Psychoanalyse

Wesentliche Merkmale dieser Methode und Behandlungstechnik sind das abwartende Zuhören und Verstehen. Beides kennzeichnet ein wichtiges Element des Zeitgeistes, aus dem sie erwachsen ist. Sie spiegeln dieselbe Grundeinstellung, die auch in der Idealforderung der Tendenzlosigkeit enthalten ist. In diesem Geiste steht auch die Haltung, dem Patienten in der

Analyse ein "Gefühl der Zeitlosigkeit" (Stone 1961) zu vermitteln. Wenn man sich diese zentralen Positionen der psychoanalytischen Technik vergegenwärtigt, dann erscheinen sie vor dem Hintergrund postmodernen Denkens wie Relikte aus einer anderen Zeit.

Diese Zeit war durch ein Denken geprägt, das durch eine relativ breite Akzeptanz und Stabilität der sozialen Strukturen, einen großen Konsens im Hinblick auf Werte und eine relativ starke Homogenität gesellschaftlicher Normen beherrscht war. Die Psychoanalyse vertrat vor diesem zeitspezifischen Hintergrund die Position der Selbstreflexivität und entwickelte einen kritischen Gegenpol zur Tendenz zur gesellschaftlichen Anpassung. Ihre Funktion bestand darin, dem einzelnen eine relative Autonomie in der Gesellschaft und gegenüber ihren Werten und Normen zu verschaffen, indem sie die Triebschicksale im Sozialisationsprozeß des einzelnen bewußt machte. In dieser Funktion hat sie auch den Zeitgeist der Neuzeit mitgestaltet und das Bewußtsein für die Mehrdimensionalität des individuellen und sozialen Erlebens und Verhaltens gefördert.

Ihre Unbekümmertheit in Hinblick auf die Zeit und die Tatsache ihrer langen Dauer als Therapie und der damit verbundenen relativ hohen Kosten waren damals kein besonderes Problem, wahrscheinlich auch deshalb, weil psychoanalyische Behandlungen privat finanziert wurden. Erst als nach dem Ersten Weltkrieg die Anwendung für breite Schichten der Bevölkerung in die Diskussion kam und die Dauer von Analysen deutlich zugenommen hatte, zeichnete sich ab, daß die Grundprinzipien modifiziert werden müßten. Damit begannen auch die Versuche, die Behandlungsdauer zu verkürzen. Beispielhaft für die frühen Ansätze ist Ferenczis "aktive Technik"[27], die er in verschiedenen Stufen zwischen 1920 und 1933 erprobte und immer wieder modifizierte.

Heute haben sich die Hintergrundsbedingungen für die Anwendung der Psychoanalyse in der Psychotherapie gegen-

---

27 Die einschlägigen Schriften sind gesammelt in Ferenczi 1964.

über früher grundlegend geändert. Ganz im Sinne von Freuds Vision von 1919 ist es unserem Denken fast selbstverständlich, daß auch psychotherapeutische Krankenbehandlungen Gemeinschaftsaufgabe sind und die Kosten dafür nach dem Solidarprinzip umgelegt werden. Damit rückt die Psychotherapie aus dem Bereich der Privatheit heraus und gerät unter die Kontrolle der Werte und Normen, die unsere Gesellschaft beherrschen. Es entstehen ökonomische Zwänge und ein Beweisdruck in Hinblick auf Effizienz und Effektivität in Relation zur aufgewandten Zeit.

Mit der Einbindung in das soziale Versorgungssystem in den 50er und 60er Jahren wurde die Herausforderung dieses Zeitgeistes in Gestalt des ökonomischen Faktors für die Psychoanalyse unverkennbar. Ein Ergebnis der Versuche, sie zu bewältigen, ist die analytische Kurzzeittherapie oder zumindest ihre zunehmende Verbreitung, eine andere die Normierung von Frequenz und Dauer in der kassenfinanzierten 240 bis 300-Stunden-Therapie, eine dritte die Modifikation des analytischen Verfahrens in Richtung der tiefenpsychologischen Psychotherapie. Eine weitere ist die Gruppentherapie, die eine methodische, aber mit der gleichzeitigen Behandlung von 8 bis 9 Patienten auch eine ökonomische Bedeutung hat.

Betrachtet man die gesundheitspolitischen Diskussionen der Gegenwart, dann liegen diese Modifikationen im Trend eines Zeitgeistes, durch den in der Bewertung der Psychotherapie die kurzen Behandlungen deutlich bevorzugt sind. Angesichts der Bemühungen, die Kostenlawine im Gesundheitssystem einzudämmen, geraten Langzeitbehandlungen, allen voran die psychoanalytische, zunehmend in die Kritik. Dazu trägt sicherlich bei, daß der Effekt der Langzeitbehandlungen bisher empirisch-objektivierend noch unzureichend untersucht worden ist.

Die Kritik in der Fachdiskussion und in der Öffentlichkeit geht aber weiter und stellt bisweilen den Nutzen der analytischen Verfahren, zumal der langdauernden, generell in Frage. Dabei kann man beim heutigen Stand des gesicherten Wissens keineswegs belegen, daß eine Behandlungsform generell der anderen überlegen sei, wie es in voreiligen Folgerungen aus komplexen wissenschaftlichen Untersuchungen von manchen[28] fälschlich behauptet wird. Die Tatsache, daß analytische Langzeittherapien nicht ausreichend untersucht worden sind, ist zwar ein bedauerliches und unentschuldbares Versäumnis. Wie neuere Untersuchungen[29] belegen, kann man ihr deshalb aber nicht einfach Ineffektivität unterstellen.

Die zumeist polemische Berichterstattung in der Presse läßt aber erkennen, daß die Distanzierung von der Psychoanalyse in einem größeren Zusammenhang zu sehen ist und eine breitere Strömung der öffentlichen Meinung repräsentiert, als man aufgrund rein wirtschaftlicher Effizienzerwägungen annehmen müßte. Es scheint, als würde der gesellschaftliche Konsens über die Notwendigkeit einer Psychotherapie ins Wanken geraten, deren Wirkung und Wirksamkeit sich eher dem subjektiven Erleben und teilnehmenden Beobachten erschließt als dem quantifizierenden Messen und Wägen.

Damit ist das grundsätzliche Dilemma angesprochen, in dem sich die Psychoanalyse heute sowohl im wissenschaftlichen Feld als auch in der gesundheitspolitischen und "öffentlichen" Diskussion befindet. Dieses Dilemma betrifft die Unvereinbarkeit der vorher benannten Merkmale der psychoanalytischen Methode - abwartendes Zuhören und Verstehen, Tendenz- und Zeitlosigkeit - mit einem Zeitgeist, der auf das Planbare, Kontrollierbare, Meß- und Machbare setzt.

Psychoanalyse und die postmoderne Identifikation

Dieses Dilemma wird anhand einiger, freilich etwas plakativer Überlegungen über die Situation deutlich, in der sich der Mensch der Postmoderne zunehmend befindet. Sie wird beispielhaft daran erkennbar, wie sich das Zeiterleben durch die Kommunikationsmedien, durch die Informations- und Ver-

---

28 Z.B. von Grawe u.a. (1994).
29 Vgl. die Ergebnisse der Columbia-Studie (Weber u.a. 1985) und der Heidelberger Katamnesestudie (Kordy u.a. 1988, 1989).

kehrstechnik verändert: Wir können uns heute in Augenblicksschnelle mit den entferntesten Winkeln unserer Erde in Verbindung setzen, in Stunden erreichen, wozu man bisher Tage und früher Wochen brauchte. Wir können mit unseren Computern in Minutenschnelle Informationen in einem Umfang abrufen, die bisher kaum in einem ganzen Menschenleben zusammengetragen werden konnten. Mit Hilfe der Informationstechnik können wir Probleme lösen, für die früher ein Lebensabschnitt oft nicht reichte. Diese tatsächlichen und fiktiven Möglichkeiten ändern unser Selbstbild: Es gibt kaum etwas, das nicht machbar wäre, wenn wir nur die ökonomischen Voraussetzungen dazu hätten.

Die Gesamtsituation, die sich aus solchen Veränderungen ergibt, beschäftigt die Vordenker der Postmoderne in der Sozialpsychologie wie Beck (1986), Honneth (1990) und Gergen (1991)[30]. Sie beschreiben drei Aspekte, in denen sich die Auflösung der traditionellen sozialen Lebenswelt spiegelt: eine krisenhafte Vielfalt der Denkformen, die Vervielfältigung von Lebensperspektiven und artistisch lustvolle Lebensstile. Danach führt der Verlust gewohnter Denk- und Lebenswelten, so Honneth (1990), zu einer Vereinzelung. Sie gibt den einzelnen der Information und Kommunikation preis, die ihn alltäglich über die Medien erreicht. Die fiktive Kommunikation mit Medien tritt an die Stelle des narrativen Dialoges, in dem bisher Traditionen und Überlieferungen weitergegeben wurden und der nicht nur Identität gestiftet hat, sondern auch Kommunikation zwischen Menschen und Generationen. Honneth spricht zusammenfassend von "Fiktionalisierung" der Wirklichkeit.

Das Besondere der postmodernen Identität besteht demnach darin, daß sie zunehmend nicht mehr in gelebten Beziehungen erworben wird, sondern aus Medien durch Nachahmung von fiktiven Beziehungen angeeignet wird. Diese Beziehungen sind mit zwei Besonderheiten verbunden: Sie sind elektronisch manipulierbar, d.h. man kann über sie verfügen, sie abrufen oder abstellen, ohne in einen Beziehungsprozeß einzutreten; sie erzeugen damit ein Gefühl von Machbarkeit des Erlebens

---

30 Zusammenfassend und kritisch vgl.Keupp (1994).

und omnipotenter Kontrolle über Beziehungen; und weil sie sich außerhalb von lebendigen Prozessen ereignen und man mit ihnen keine zirkulären Erfahrungen machen kann, sind sie schwer integrierbar.

Man kann die postmoderne Identifikation deshalb schlagwortartig als multipel, heteronom und omnipotent kennzeichnen. Es häufen sich in ihr Merkmale, die entwicklungspsychologisch der schizoiden Position zurechnen. In diesem Sinne hat Fritz Riemann (1975) bereits vor 20 Jahren von einer "wachsenden Schizoidisierung unserer Gesellschaft" gesprochen.

Bedrohliche Auswirkungen solcher Identifizierungen sind in unserem Alltag inzwischen gang und gäbe und beginnen, unser soziales Leben grundsätzlich zu verändern. Der Verfall der Kommunikationsformen, der Solidarität, der Nachbarschaftlichkeit, die steigende Kriminalität sind nicht nur Ursache der postmodernen Krise, sondern auch ihre symptomatischen Folgen.

Bei einer solchen inneren Welt wird es zum Risiko, sich auf gelebte äußere Beziehungen einzulassen, die immer weniger tragfähige verinnerlichte Vorbilder haben. Das gilt natürlich besonders für intime dialogische Erfahrungen mit einem anderen in einer exklusiven Beziehung wie der analytischen Psychotherapie. Wenn aber Beziehung, dann planbare, so könnte man die implizite Botschaft des gegenwärtigen Zeitgeistes fassen, als gälte der Satz: Das Risiko muß kalkulierbar bleiben. Eine Psychotherapie, die - wie die Psychoanalyse - mit offener Zeitperspektive, Tendenzlosigkeit und Zentrierung auf die gelebte Interaktion im Hier und Jetzt arbeitet und deren Gegenstand die Annäherung an das rational nicht faßbare, an das Unbewußte ist, muß gegenüber einem solchen Denken einen schweren Stand haben.

Ich halte die postmoderne Identifikation, die heute immer deutlicher spürbar wird, für ein zeitgemäßes Motiv für die Geringschätzung, die die Psychoanalyse gegenwärtig als Wissenschaft und als Behandlungsverfahren in der Öffentlichkeit, d.h. in der Bewertung des Zeitgeistes erfährt. Der generelle

Trend hin zur kalkulierbaren Therapie, zur Therapie der kurzen und begrenzten Zeit, scheint eine der Äußerungsformen dieses Zeitgeistes zu sein. Darin gestaltet sich das zeitgemäße Bedürfnis, dem Erlebnis, wie soziale Strukturen sich auflösen, Lebensformen verfallen und scheinbar grenzenlose Erlebnisräume sich öffnen, ein Konzept der Kontrolle durch Vorgabe von Grenzen und Strukturen entgegenzusetzen.

Dabei wurde bisher wenig bedacht, daß der Ersatz der Prinzipien der Zeit- und Tendenzlosigkeit durch Limitierung, Strukturierung und Fokussierung natürlich auch in der Psychoanalyse das beidseitige Risiko der Begegnung begrenzt und kalkulierbarer macht. Das spricht nicht gegen die Berechtigung und den Nutzen einer durch Richtlinien geregelten Psychotherapie. Aber es ist notwendig, über die Auswirkungen nachzudenken.

Konsequenzen

Wenn wir uns heute fragen, in welche Richtung die Psychoanalyse sich entwickeln könnte, dann brauchen wir uns nicht mehr um die Zahl von Behandlern, kurzfristig wohl auch noch nicht um die Finanzierung und jedenfalls nicht um die Anpassung der Techniken an die Bedingungen einer breiten Versorgung zu sorgen. Der Zeittrend hin zum Machbaren, Pragmatischen, rasch Wirksamen und Kostengünstigen wird als starke Macht zur Anpassung immer neue Legierungen hervorbringen. Die Psychoanalyse hat sich diesem Trend unter dem Vorzeichen ökonomischer Gegebenheiten in der Versorgung bis zu einem gewissen Grade ohnehin bereits angepaßt.

Aber wessen Anliegen der Bestand der Psychoanalyse als Wissenschaft und klinische Praxis ist, der wird seine Aufmerksamkeit darauf lenken müssen, daß die psychoanalytische Methode - dieser einzigartige Zugang zu den tieferen unbewußten Schichten des menschlichen Wesens und seiner Beziehungen - lebendig bleibt. Bestand kann nur haben, was durch Erfahrung gesichert wird, d.h. durch die differenzierte Erfahrung mit der psychoanalytischen Grundmethode in der therapeutischen Praxis und in der Ausbildung. Nur wenn die Psychoanalytiker selbst sich zu Anwälten der wissenschaftlichen Grundlagen der Psychoanalyse machen, können sie dazu beitragen, daß genügend von dem Gold erhalten bleibt, ohne das die analytische Therapie verkümmern wird. Daraus ergeben sich drei sehr konkrete Konsequenzen.

Die erste Konsequenz betrifft die Notwendigkeit, die wissenschaftliche Basis der Psychoanalyse in der täglichen psychoanalytischen Arbeit sicher zu verankern. Dazu müssen Analytiker genügend Gelegenheit haben, Analysen als Forschungsmethode, d.h. außerhalb des begrenzten Rahmens der gesetzlichen Krankenkassen durchzuführen. Für die meisten besteht diese Möglichkeit nur in Lehranalysen. Ich halte es deshalb für unabdingbar, daß möglichst viele an dieser Arbeit beteiligt werden. Die Berechtigung zur Durchführung von Lehranalysen sollte nach einer Mindestzahl von Berufsjahren für alle praktizierenden Analytiker offen stehen. Die Voraussetzung für diese Tätigkeit sollte lediglich daran gebunden sein, daß überzeugend dargestellt werden kann, daß ein Analytiker unter dem Primat der Übertragungsanalyse arbeitet. Das bedeutet, daß er auch schwerwiegende Widerstands- und Beziehungsprobleme analysiert und dabei nicht auf anderweitige psychotherapeutische Methoden angewiesen ist.

Das zweite ist die Notwendigkeit, den Kandidaten parallel zur psychoanalytischen Ausbildung in der persönlichen Analyse einen intensiven Prozeß der Selbsterfahrung der Psychoanalyse als Instrument der Erkenntnis und der Forschung zu ermöglichen. Dabei müßte die Haltung der Lehranalytiker sich ganz darauf konzentrieren, mit der Übertragungsanalyse die Erfahrung einer tendenzlosen Erforschung des regressiven Erlebens in der analytischen Situation zu vermitteln. Dadurch würden Persönlichkeitsreifung, Rückhalt bei Ausbildungsanalysen oder didaktische Ziele den Stellenwert impliziter Ziele erhalten, die sich als Erfolg der Erforschung zwangsläufig einstellen. Es müßte Einigkeit hergestellt werden, daß die Lehranalyse der Erfahrung und der Einsicht dient und nicht primär der Veränderung. Es müßte Einigkeit erzielt werden, daß die Förderung der Regression diesem Prozeß der Selbsterforschung dient und ihm nicht im Wege steht. Persönliche Analysen, die nicht einen längeren Abschnitt mit hoher Stundenfrequenz enthalten, würden dann der Vergangenheit angehören.

Als drittes halte ich eine stärkere Klärung und ein größeres Bewußtsein der Unterschiede zwischen der Psychoanalyse als Instrument der Erkenntnis und der analytischen Psychotherapie als Behandlungsverfahren für notwendig. Dabei müßten vor allem die Besonderheiten der von den Krankenkassen finanzierten "Richtlinienverfahren" methodisch konzeptualisiert werden. Das würde dazu führen, daß der Unterschied gegenüber dem zeitlich unbefristeten Verfahren mit höherer oder hoher Frequenz, das als "Standardverfahren" nach wie vor das Paradigma der Behandlungstheorie darstellt, deutlicher wird und auch für den psychoanalytischen Prozeß angemessen nutzbar gemacht werden kann.

Heute ist die Psychotherapie mit zwei bis drei Wochenstunden, die von den Krankenkassen finanziert wird und nach speziellen Richtlinien durchgeführt wird, die häufigste Anwendung der Psychoanalyse in Deutschland. Viele Psychoanalytiker haben keine Erfahrung mehr mit dem zeitlich unbefristeten Verfahren mit höherer und hoher Frequenz. Die regressiven Prozesse, die im dichten Kontakt einer hochfrequenten Analyse in Erscheinung treten, sind ihnen unvertraut, die Übung, die tiefer unbewußte Dimension der analytischen Prozesse zu beobachten und therapeutisch zu nutzen, geht verloren. Das birgt die Gefahr, daß die Kenntnisse vom Unbewußten sich auf bewußtseinsnahe Prozesse einengen und die psychoanalytische Methode verflacht. Eine solche Entwicklung fördert die Nivellierung psychotherapeutischer Verfahren und führt zu einer Verarmung an differenzierten Indikationen und Methoden in der Versorgung.

Der künftige Analytiker sollte deshalb im gesamten Spektrum der analytischen Verfahren ausgebildet sein. Neben Kurz- und Fokaltherapien und mittelfristiger zeitbegrenzter

analytischer Therapie sollte der Kandidat auch Ausbildungsanalysen mit hoher Stundenfrequenz durchführen, damit die
Unterschiede erfahren und nicht nur erörtert werden.

Abschließend und zusammenfassend sehe ich gerade für den
Menschen in der Postmoderne einen besonderen emanzipatorischen Wert der Psychoanalyse. Mit dem Festhalten am Nar-
rativ, an der Erzählung in der gelebten Beziehung, gibt sie
seiner Identitätsreifung eine besondere Chance. Ihr Programm
der zeitaufwendigen Selbstreflexion führt dazu, daß die Auseinandersetzung mit den Grenzen des Kontrollierbaren und
rasch Machbaren in der gelebten Beziehung einen Platz erhält.
Darin liegt, unter den Vorzeichen der Postmoderne, eine besondere Chance, unter dem Einfluß des Zeitgeistes entstande-
nes Unbewußtes aufzudecken.

Daten zur Geschichte der Psychoanalyse in Deutschland

Der folgende kurze Abriß der Geschichte der Psychoanalyse in Deutschland[31] soll den historischen Hintergrund der einzelnen Kapitel dieses Buches verständlich machen. Er enthält im wesentlichen eine Chronologie der im Text erwähnten Ereignisse und einige Hintergrundsdaten, die den Rahmen der Ereignisse abstecken.

1908

Die Geschichte der institutionalisierten Psychoanalyse in Deutschland begann, als Karl Abraham, einer der engsten Vertrauten und Mitarbeiter von Sigmund Freud, 1908 in Berlin einen zunächst noch lockeren Zirkel der dort ansässigen Psychoanalytiker gründete, die "Berliner Psychoanalytische Vereinigung".

1910

Auf Betreiben von Freud schlossen sich die lokalen psychoanalytischen Gruppen auf dem Internationalen Psychoanalytischen Kongreß in Nürnberg zur Internationalen Psychoanalytischen Vereinigung (IPV) zusammen. Ihr Gründungspräsident war der Schweizer Carl Gustav Jung, der damals zum engsten Kreis der Anhänger Freuds gehörte und bald darauf im Streit mit Freud aus der "psychoanalytischen Bewegung" ausschied. Die Berliner Vereinigung bildete den deutschen Zweig ("Ortsgruppe Berlin") der IPV.

1913

Gründung der "Internationalen Zeitschrift für Psychoanalyse".

---

31 Als Quellen verweise ich insbesondere auf Lockot (1985) und Brecht u.a. (1985).

1918

Psychoanalytischer Kongreß in Budapest über die Behandlung von "Kriegsneurosen": Freud entwarf dort die Perspektive einer kostenlosen psychoanalytischen Behandlung für breite Bevölkerungsschichten; Nunberg schlug die Einführung einer obligatorischen Lehranalyse vor.

1920

Gründung des Berliner Psychoanalytischen Institutes aufgrund einer Stiftung von Max Eitingon. Es bestand aus einer psychoanalytischen Poliklinik und einem Ausbildungsinstitut ("Lehranstalt"). In dieser Einrichtung wurden erstmal Richtlinien für die psychoanalytische Ausbildung eingeführt, in denen ab 1922 auch obligatorisch eine Lehranalyse als Teil der Institutsausbildung gefordert wurde.

1926

Inzwischen hatte die Psychoanalyse sich in Deutschland über Berlin hinaus entwickelt. Die Berliner Vereinigung wurde nun in "Deutsche Psychoanalytische Gesellschaft" (DPG) umbenannt.

Beim ersten Psychotherapiekongreß in Baden-Baden wurde eine Allgemeine Ärztliche Gesellschaft für Psychotherapie (AÄGT) unter dem Vorsitz von Ernst Kretschmer gegründet, die verschiedene Richtungen der inzwischen in Schulrichtungen divergierenden Psychotherapie umfassen sollte.

1927

Harald Schultz-Hencke, dessen Konzept später zur Spaltung der Nachkriegs-DPG führte, veröffentlichte mit der "Einführung in die Psychoanalyse" sein erstes Buch, mit dem er von der Grundkonzeption der Psychoanalyse abwich. Er beabsichtigte, die Essentials der Richtungen Freuds (Libidotheorie), Jungs (Archetypenlehre) und Adlers (Individualpsychologie) zu einer Neopsychoanalyse zu verbinden. 1931 folgte sein

Buch "Schicksal und Neurose, Versuch einer Neurosenlehre vom Bewußtsein her".

1929

Gründung des Frankfurter Psychoanalytischen Instituts durch Erich Fromm, Frieda Fromm-Reichmann und Karl Landauer in Zusammenarbeit mit dem Institut für Sozialforschung.

Schultz-Hencke erhielt wegen seiner von Freud abweichenden Auffassungen ein Lehrverbot am Berliner Psychoanalytischen Institut.

Um 1930

Berlin und das Berliner Institut der DPG waren Anfang der 30er Jahre ein florierendes, international bedeutendes Zentrum der Psychoanalyse, an dem auch ausländische Kandidaten ihre Ausbildung absolvierten. Die DPG hat etwa 60 Mitglieder, unter ihnen alle bedeutenden Analytiker jener Zeit. Außer in Berlin und Frankfurt unterhielt sie Arbeitsgruppen in Hamburg und Leipzig.

1933

Freuds Werke wurden wenige Wochen nach der Machtübernahme durch die Nationalsozialisten in Berlin verbrannt.

Ebenfalls wenige Wochen nach der Machtübernahme beendete das Frankfurter Institut seine Arbeit.

In der DPG geriet der Vorsitzende, Max Eitingon, als Jude zunehmend unter politischen Druck. Um die DPG nicht zu gefährden, trat er, u.a. nach beratungen mit Freud, als Vorsitzender zurück und ging bald darauf nach Israel, wo er die dortige psychoanalytische Gesellschaft ins Leben rief.

Felix Boehm und Carl Müller-Braunschweig ersetzten als Nicht-Juden den bisherigen DPG-Vorstand. Müller-Braunschweig schreibt unter dem Titel "Psychoanalyse und Weltanschauung" eine Arbeit, die als Zugeständnis an die NS-Ideologie betrachtet wird. Ein Memorandum ähnlichen Inhaltes wurde von Boehm als Verhandlungsbasis der Psychoanalytiker mit Mathias H. Göring unterzeichnet, der als Psychotherapeut und Mitglied der NSDAP den Zusammenschluß aller psycho-therapeutischen Richtungen zu einer "deutschen Seelenheil-kunde" betreibt.

Wilhelm Reich, außer Simmel damals der einzige Analytiker, der die Nazis und die Politik der Psychoanalytiker ihnen gegenüber offen kritisierte, wurde 1933 heimlich aus der DPG ausgeschlossen.

Erste Emigration von Psychoanalytikern: Eitingon, Feni-chel, Reich, Simmel u.a.

Der Vorstand der AÄGP löste sich mit der Absicht auf, den Vorsitz an Göring zu übertragen. Nachdem dieser Plan scheiterte, wurde eine "Deutsche Allgemeine Ärztliche Gesell-schaft" (DAÄGP) gegründet, deren Vorsitzender Göring wurde.

1934

Göring gab zehn Aufsätze zur "Deutschen Seelenheilkunde", heraus, darunter ein Beitrag von Schultz-Hencke unter dem Titel "Die Tüchtigkeit als psychotherapeutisches Ziel".

Auf dem IPV-Kongreß in Luzern verteidigte Ernest Jones als IPV-Präsident die Kompromisse der DPG mit dem NS-Re-gime. Dort wurde Reich nun auch aus der IPV ausge-schlossen.

1935

Müller-Braunschweig veröffentlichte einen NS-freundlichen Aufsatz unter dem Titel "Psychoanalyse und Deutschtum".

Edith Jacobson, eine Berliner Ausbildungskandidatin, wurde wegen Unterstützung einer Widerstandsgruppe verhaf-tet. Darauf beschloß die DPG, daß keine politisch aktiven Patienten mehr behandelt werden sollten.

Aus Angst vor einem Verbot betrieb der DPG-Vorstand den Austritt der jüdischen Mitglieder, unterstützt von Jones. Nach überwiegend unfreiwilligem Austritt im Dezember 1935 emigrieren die meisten noch in Deutschland lebenden jüdi-schen DPG-Mitglieder ins Ausland.

In Berlin wurde ein nationalsozialistisch orientiertes "Deutsches Institut für Psychologische Forschung und Psychotherapie" gegründet, das später auch in München ein Zweiginstitut unterhielt. Es hatte die Aufgabe, eine "deutsche [d.h. NS-konforme, M.E.] Psychotherapie" aufzubauen. Es beteiligten sich die Psychoanalytiker, Individualpsychologen und Jungianer. Die Leitung hatte Göring. Der DPG-Vorstand stellte die Räume des Berliner psychoanalytischen Instituts zur Verfügung.

Die DPG faßte den Beschluß, aus der IPV auszutreten. Er wurde unter Beteiligung von Jones und Göring zunächst rückgängig gemacht, weil dem NS-Regime die internationale Anbindung der Psychoanalytiker vorteilhaft erschien.

1938

Nach dem "Anschluß" Österreichs wurde die DPG als Treuhänder für die Wiener Psychoanalytische Vereinigung eingesetzt. Dabei kam es zu Unstimmigkeiten zwischen der DPG und den NS-Funktionären. Sie führten zum Austritt der DPG aus der IPV und zogen schließlich die Auflösung der DPG als eigenständiger Verein zugunsten der Bildung einer "Arbeitsgruppe A" im "Deutschen Institut" nach sich.

1939

Übernahme des "Deutschen Instituts" durch die "Deutsche Arbeitsfront", es wird zum "kriegswichtigsten Institut" erklärt.

Freud stirbt in der Emigration in London.

1940

Während die Psychoanalyse unter dem Nationalsozialismus Diskriminierungen hinnehmen mußte, so war z.B. die metapsychologische Terminologie untersagt, konnte sich die Neopsychoanalyse realtiv frei entfalten. Schultz-Hencke veröffent-

lichte den ersten Entwurf eines neopsychoanalytischen Lehrbuchs unter dem Titel "Der Gehemmte Mensch, Entwurf eines
Lehrbuchs der Desmolyse". In der 2. Auflage 1947 hieß es
statt "Desmolyse" dann "Neo-Psychoanalyse".

1944

Das "Deutsche Institut" wurde noch als "Reichsinstitut" in
den "Reichsforschungsrat" aufgenommen.

1945

Zerstörung des "Reichsinstituts".

1945/46

Die DPG wurde in Berlin, zunächst (bis 1950) unter dem
Namen "Berliner Psychoanalytische Gesellschaft", wiedergegründet. Müller-Braunschweig wurde erneut Vorsitzender.
1946 wurde sie mit dem Zusatz "Gegründet 1910" in das
Vereinsregister eingetragen. Müller-Braunschweig betrieb in
der Folgezeit die Wiederaufnahme der Gesellschaft in die
IPV. Schultz-Hencke baute nach 1945 eine neopsychoanalytische Arbeitsgruppe in der DPG auf, hatte sonst aber keine offiziellen Funktionen in der DPG.

1946

Gründung des Instituts für Psychopathologie und Psychotherapie in Berlin, Leitung: Werner Kemper (heute: Institut für
Psychotherapie).

Gründung des "Zentralinstituts für Psychogene Erkrankungen (Leitung: Kemper und Schultz-Hencke) in Berlin.

1947

Gründung der Zeitschrift "Psyche" durch Alexander Mitscherlich u.a.

1949

Gründung der DGPT (Deutsche Gesellschaft für Psychotherapie und Tiefenpsychologie [heute: Psychoanalyse, Psychotherapie, Psychosomatik und Tiefenpsychologie] als berufspolitische Organisation der analytischen Psychotherapeuten verschiedener Richtungen, Vorsitz: Viktor v. Weizsäcker.

Ein IPV-Kongreß in Zürich ermöglichte die erste offizielle Wiederbegegnung der DPG mit der IPV. Schultz-Hencke hielt dort als offizieller Vertreter der DPG einen neopsychoanalytischen Vortrag mit Bezug auf Leibniz. Dem folgte ein unangekündigtes Gegenreferat von Müller-Braunschweig mit klassischen Freudianischen Positionen. Anschließend wurde die DPG nur provisorisch als Mitglied wiederaufgenommen. Marie Bonaparte stellte fest: "Entweder wird die deutsche Gesellschaft eine rein analytische Gesellschaft und Dr. Schultz-Hencke steht auf eigenen Füßen, ... oder es ist unmöglich für uns, ihr Anerkennung zu gewähren." Diesen Ereignissen folgten Spannungen und Zerwürfnisse zwischen Müller-Braunschweig und Schultz-Hencke.

1950

Spaltung der DPG: Müller-Braunschweig gründete mit 7 DPG-Mitgliedern die Deutsche Psychoanalytische Vereinigung (DPV) als rein freudianische Fachgesellschaft. Boehm übernahm den Vorsitz der Rest-DPG.

1951

Auf dem Amsterdamer Kongreß der IPV wurde die DPV als Mitglied in die IPV aufgenommen. Die DPG hat bis heute keinen erneuten Antrag auf Wiederaufnahme in die IVP gestellt.

Einrichtung der ersten psychosomatischen Institute an den Universitäten in München (Seitz) und Heidelberg (Mitscherlich). Sie werden von Psychoanalytikern geleitet und begründen eine psychoanalytische Tradition des Hochschulfaches "Psychosomatische Medizin und Psychotherapie".

50er Jahre

In der DPG war die Mehrheit der Mitglieder anfangs noch freudianisch orientiert. Die Neopsychoanalyse gewann in den Folgejahren zunehmend an Bedeutung und wurde das vorherrschende Konzept.

1952

Schultz-Hencke stirbt in Berlin. Annemarie Dührssen (Berlin) und Werner Schwidder (Tiefenbrunn bei Göttingen) führten die Tradition der Neopsychoanalyse fort.

1957

Der Bereich "Psychotherapie" wurde als Zusatzbezeichnung in die ärztliche Weiterbildungsordnung eingeführt.

1962

Die DPG (Vorsitz: Schwidder) schloß sich mit einigen anderen, damals überwiegend neopsychoanalytisch orientierten Gesellschaften in Amsterdam zu einer Internationalen Förderation Psychoanalytischer Gesellschaften (IFPS) zusammen, deren Orientierung sich zwischenzeitlich weitgehend dem Hauptstrom der Psychoanalyse wiederangenähert hat.

1963

Thomä kritisierte in der "Psyche" die Neopsychoanalyse Schultz-Henckes. Eine wissenschaftliche Entgegnung blieb aus.

1967

Die analytische Psychotherapie wurde Kassenleistung im öffentlichen Gesundheitswesen der BRD. Die Durchführung kassenfinanzierter psychoanalytischer Behandlungen wurde durch Psychotherapierichtlinien geregelt. Danach waren "Laienanalytiker" nicht mehr an der Versorgung beteiligt.

1970

Die "Psychosomatische Medizin und Psychotherapie" wurde Pflichtfach im Medizinstudium an den deutschen Universitäten.

Anfang der 70er Jahre

Ausgehend von Göttingen, wird die Rückwendung der DPG von der Neopsychoanalyse zu den Hauptströmungen der internationalen Psychoanalyse erkennbar.

Mitte der 70er Jahre

Beginn der "Geschichtsdebatte" um die Vergangenheit der Psychoanalyse. 1973 erschien die deutsche Übersetzung der Werke von Greenson (klassische Behandlungstechnik), wenige Jahre später die von Kohut (Narzißmus) und Kernberg (Borderline-Störungen).

1985

Erster IPV-Kongreß seit dem Nationalsozialismus in Deutschland, veranstaltet von der DPV. Diesen Hamburger Kongreß begleitet ein flutartiges Interesse für die Geschichte der Psychoanalyse und die damit verbundene Scham- und Schuldproblematik.

Auf der DPG-Jahrestagung "75 Jahre Psychoanalyse in Deutschland" in Berlin wurde ebenfalls die Vergangenheit der Psychoanalyse zum Thema. Außerdem begann dort die breitere Auseinandersetzung der DPG mit der Abgrenzung zwischen Psychoanalyse und Neopsychoanalyse.

Unter gemeinsamer Beteiligung von DPG- und DPV-Analytikern wurde die Zeitschrift "Forum der Psychoanalyse" gegründet.

1992

Aufnahme des "Facharztes für Psychotherapeutische Medizin" in die ärztliche Weiterbildungsordnung.

1994

Deutsch-israelische Arbeitstagung in Nazareth, erstmals unter gemeinsamer Beteiligung von DPG und DPV.

1996

Erste gemeinsame Tagung der DPG und der DPV, Thema "Die Spaltung der psychoanalytischen Gemeinschaft in Deutschland und ihre Folgen" im oberbayerischen Seeon.

Nachweise

1. *Der Selbstverlust der Psychotherapie und Psychoanalyse unter dem Nationalsozialismus.* Nach einem Vortrag bei den 40. Lindauer Psychotherapiewochen am 20.4.1990. Die Vortragsfassung erschien unter dem Titel "Wandlungen der Psychotherapie und Psychoanalyse im Spannungsfeld des Nationalsozialismus" in: Buchheim, P., Cierpka, M., Seifert, Th. (Hg.): Psychotherapie im Wandel. Springer, Berlin Heidelberg 1991, S. 76 - 87.

2. *Gründungsmythen und Spaltung in der Nachkriegs-Psychoanalyse.* Nach einem Vortrag auf der Jahrestagung der Deutschen Gesellschaft für Psychotherapie, Psychosomatik und Tiefenpsychologie (DGPPT) in Lindau am 23.9.1988, publiziert unter dem Titel "Unbewußte Phantasien in der Nachkriegsgeschichte der deutschen Psychoanalyse" in: Werthmann, H.V. (Hg.): Die unbewußte Phantasie. Pfeiffer, München 1989, S. 11 - 21.

3. *Eine Krise psychoanalytischer Identität und die Wahrnehmung der Vergangenheit.* Auf der Grundlage des Vortrages "Psychoanalytiker in Deutschland: Psychoanalytische Identität als individueller und gruppendynamischer Prozeß" auf der Jahrestagung der Deutschen Psychoanalytischen Gesellschaft (DPG) in Berlin am 14.11.1985. Die überarbeitete Vortragsfassung erschien unter dem Titel "Identität und Geschichte" im Forum der Psychoanalyse 2: 69 - 76 (1986).

4. *Über Freud, die Vergangenheit der Psychoanalyse und ihre Gegenwart:* Nach dem Festvortrag anläßlich des 50. Todestages von Sigmund Freud unter dem Titel "Freud, unsere Vergangenheit und Gegenwart" auf der DPG-Jahrestagung in München am 2.6.1989. Der Vortrag wurde zuerst gedruckt im Forum der Psychoanalyse 5: 177 - 189 (1989).

5. *Eine Begegnung in Deutschland.* Das Kapitel beruht auf dem Vortrag anläßlich der DPG-Jahrestagung in Hannover am 20.11.1990, der unter dem Titel "Antworten auf Rafael Moses" im Forum der Psychoanalyse 7: 68 - 75 (1991) publiziert wurde.

6. *Späte Spuren einer unbewältigten Vergangenheit.* Erstpublikation nach dem Vortrag "Die Gegenwart der Psychoanalyse und unsere Vergangenheit" auf der DPG-Tagung "Das Vergangene in der Gegenwart" in Berlin am 15.2.1996.

7. *Forscherängste im Institutionsprozeß der Psychoanalyse.* Nach dem Vortrag anläßlich der Eröffnung des Instituts für Psychoanalyse Frankfurt am Main der DPG am 18.11.1994; wesentliche Teile wurden am 15.10.1994 auf dem internationalen Symposion "Psychoanalyse heute und vor 70 Jahren" in Würzburg vorgetragen und veröffentlicht in Weiß, H., Lang, H. (Hg.) Psychoanalyse heute und vor 70 Jahren. Edition diskord, Tübingen 1996, Seite 228 - 240.

8. *Die Sozialisation und das Verantwortungsgefühl des Psychoanalytikers.* Auf der Grundlage des Schlußvortrages des internationalen Symposions "Psychoanalyse zwischen Konformität und Widerspruch" der IFPS am 30.8.1992 in München, der unter dem Titel "The Training of Psychoanalysts and the Analyst's Sense of Responsibility" im International Forum of Psychoanalysis 2: 37 - 43 (1993) und als veränderter Nachdruck im Forum der Psychoanalyse 9: 132 - 139 (1993) erschien.

9. *Der Zeitgeist und die Zukunft der Psychoanalyse.* Das Kapitel nimmt auf zwei Vorträge Bezug: (1) "Der Zeitgeist, die Psychoanalyse und die Therapie der kurzen Zeit", Internationale Konferenz über Kurztherapie in Halle an der Saale im Juni 1995; dieser bildete die Grundlage für die Publikation "Psychoanalyse, der Zeitgeist und die Therapie der begrenzten Zeit" im Forum der Psychoanalyse 11: 283 - 294 (1995). (2) "Psychoanalyse im Wandel - Was hat Bestand?" Eröffnungsansprache der DPG-Jahrestagung in Berlin am 28.5.1992; Teile dieser Ansprache wurden in die Arbeit aufgenommen, die unter gleichem Titel in der Zeitschrift für Psychosomatische Medizin und Psychoanalyse 39: 219 - 223 (1993) erschien.

Literatur

Bach H (1970) Die Behandlungstechnik in den neopsychoanalytischen Richtungen. In: Schraml W (Hg) Klinische
Psychologie. Huber, Bern

Balint M (1948) On the Psychoanalytic Training System. Int J
Psychoanal 29: 163 - 176

Baumeyer F (1971) Zur Geschichte der Psychoanalyse in
Deutschland. Z. Psychosom Med Psychoanal 17: 203-240

Beck U (1986) Risikogesellschaft. Suhrkamp, Frankfurt a.M.

Beese F (1978/79) Psychoanalyse - Neopsychoanalyse. Unver-
öffentl. Vorlesungen an der Stuttgarter Akademie für Tiefenpsychologie und analytische Psychotherapie. Privatdruck

Beland H (1987) Wie verstehen Sie sich selbst? DPV-Informa-
tionen Nr. 2: 9-14

Beland H (1992) Der Lehranalytiker, der gut genug ist. In:
Streeck U, Werthmann HV (Hg) Lehranalyse und psychoanalytische Ausbildung. Göttingen: Vandenhoeck u. Ruprecht

Bernfeld S (1952) Die psychoanalytische Ausbildung. Psyche
38: 437 - 459 (1984)

Bion WR (1963) Elemente der Psychoanalyse. Suhrkamp,
Frankfurt a.M. 1992

Bion WR (1970) Attention and interpretation. Karnak, London 1993

Boehm F (1978) Schriften zur Psychoanalyse. Ölschläger,
München

Brainin E, Kaminer IJ (1982) Psychoanalyse und National-so-
zialismus. Psyche 36: 989-1021

Brecht K (1993) Paranoid-schizoide Aspekte im Institutionali-
sierungsprozeß der Psychoanalyse und seiner Kritik. In:

Wiesse J (Hg) Chaos und Regel. Vandenhoeck u. Ruprecht, Göttingen, S. 51 - 55

Brecht K, Friedrich V, Hermanns LM, Kaminer IJ, Juelich DH (Hg) (1985) Hier geht das Leben auf eine merkwürdige Weise weiter. Michael Kellner-Verlag, Hamburg

Brockhaus G (1987): "Seelenführung, aus den Mächten des Blutes gespeist". Psychotherapie und Nationalsozialismus. Unveröffentlichtes Manuskript, München

Cocks G (1983) Psychoanalyse, Psychotherapie und Nationalsozialismus. Psyche 37: 1057-1106

Cocks G (1985) Psychoanalyse und Psychotherapie im Dritten Reich. In: Rudolf G., Rüger U., Studt HH., (Hg) Psychoanalyse der Gegenwart. Vandenhoeck u. Ruprecht, Göttingen

Cocks G. (1988): Psychoanalyse der Gegenwart. Göttingen, Verlag Medizinische Psychologie

Cremerius J (1982) Die Bedeutung des Dissidenten für die Psychoanalyse. Psyche 36: 481-514

Cremerius J (1987) Sabina Spielrein - ein frühes Opfer der psychoanalytischen Berufspolitik. Forum Psychoanal 3: 127 - 142

Cremerius J (1989) Lehranalyse und Macht. Forum Psychoanal 5: 190 - 208

Dahmer H (1989) Psychoanalyse und Organisation. In: Dahmer H. Psychoanalyse ohne Grenzen. Freiburg i.Br.: Kore

Deutsche Psychoanalytische Gesellschaft (Hg) (1930) Zehn Jahre Berliner Psychoanalytisches Institut (Poliklinik und Lehranstalt). Internat Psychoanal Verlag, Wien (Nachdruck: Anton Hain, Meisenheim 1970)

Devereux G (1972) Ethnopsychoanalyse. Dt: Suhrkamp, Frankfurt a.M. 1978

Drigalski D v (1980). Blumen auf Granit. Frankfurt a.M.: Ullstein

Dührssen A (1972) Analytische Psychotherapie in Theorie, Praxis und Ergebnissen. Vandenhoeck u. Ruprecht, Göttingen

Dührssen A (1979) Psychoanalyse und Neopsychoanalyse. Konvergenz oder Divergenz? In: Fischle-Carl H (Hg) Theorie und Praxis der Psychoanalyse. Bonz, Fellbach

Dührssen A (1994) Ein Jahrhundert psychoanalytische Bewegung in Deutschland. Vandenhoeck u. Ruprecht, Göttingen

Erdheim M (1982) Die gesellschaftliche Produktion von Unbewußtheit. Frankfurt a.M.: Suhrkamp

Erdheim M (1993) Das Fremde - Totem und Tabu in der Psychoanalyse. In: Streeck U (Hg) Das Fremde in der Psychoanalyse. Pfeiffer, München

Ferenczi S (1964) Bausteine der Psychoanalyse Bd 1-3. Huber, Bern Stuttgart 1964

Freud A (1976) Bemerkungen zum Problem der psychoanalytischen Ausbildung. Dt. in: Die Schriften der Anna Freud, Bd. 10. Suhrkamp, Frankfurt a.M. 1980

Freud S (1910) Die zukünftigen Chancen der psychoanalytischen Therapie. Gesammelte Werke, Fischer, Frankfurt a.M. aM. (1966 ff.) [GW] 8

Freud S (1912) Zur Dynamik der Übertragung. GW 8

Freud S (1914) Zur Geschichte der psychoanalytischen Bewegung. GW 10

Freud S (1919) Wege der psychoanalytischen Therapie. GW 12

Freud S (1921) Massenpsychologie und Ich-Analyse. GW 13

Freud S (1927) Zur Frage der Laienanalyse. GW 14

Freud S (1932) Warum Krieg? GW 16

Freud S (1933) Neue Folge der Vorlesungen zur Einführung in die Psychoanalyse. GW 15

Freud S (1937) Die endliche und die unendliche Analyse. GW 16

Freud S (1939) Mann Moses und die monotheistische Religion. GW 16

Freud S (1986) Briefe an Wilhelm Fließ 1887-1904. Fischer, Frankfurt a.M.

Fromm E, Horkheimer M, Mayer H, Marcuse H (1936) Autorität und Familie. Liberaire Felzix Alcan, Paris

Gergen K (1991) Die Konstruktion des Selbst im Zeitalter der Postmoderne. Psych Rundschau 41: 191 - 199

Göring MH (1934) Einführung zur "Deutschen Seelenheilkunde" Zbl. Psychother. 7

Grawe K, Donati R, Bernauer F (1994) Psychotherapie im Wandel. Hogrefe, Göttingen

Greenson RR (1967) Technik und Praxis der Psychoanalyse. Dt: Klett, Stuttgart 1973

Greenson RR (1967) Technik und Praxis der Psychoanalyse. Dt: Klett, Stuttgart 1973

Hampel C (1988) Zur historischen und aktuellen Bedeutung Schultz-Henckes. in: Rudolf G, Rüger U (Hg) Die Psychoanalyse Schultz-Henckes. Thieme, Stuttgart

Hampel C (1995) Ein hundertjähriges Mißverständnis und seine Folgen. In: Burian W (Hg) Die Zukunft der Psychoanalyse. Vandenhoeck u. Ruprecht, Göttingen. S. 147 - 155

Heigl F (1966) Zur Handhabung der Gegenübertragung. Fortschr Psychoanal 2: 124 - 140

Hermanns LM (1995) Spaltungen in der Geschichte der Psychoanalyse. Edition diskord, Tübingen

Honneth A (1990) Anerkennung und Differenz. Zum Selbstmißverständnis postmoderner Sozialtheorien. Initial 7: 669 - 674

IPV-Bulletin (1949), zit. in: Brecht, K. u. a. (Hg) (1985): Hier geht das Leben auf eine merkwürdige Weise weiter... Hamburg: Verlag Michael Kellner

Jacoby R (1983) Die Verdrängung der Psychoanalyse oder Triumph des Konformismus. Fischer, Frankfurt a.M. 1985

Keupp H (1994) Grundzüge einer reflexiven Sozialpsychologie. In: Ders. (Hg): Zugänge zum Subjekt. Suhrkamp, Frankfurt a.M.

Kordy H, Rad M v, Senf W (1988) Time and its relevance for a successful psychotherapy. Psychother Psychosom 49: 212 - 222

Kordy H, Rad M v, Senf W (1989) Empirical hypothesis on the psychotherapeutic treatment of psychosomatic patients in short- and long-term time-unlimited psychotherapy. Psychother Psychosom 52: 155 - 163

Kreuzer-Haustein U (1994) Deutsche und Israelis: Die Vergangenheit in der Gegenwart. Eine psychoanalytische Arbeitstagung in Nazareth im Juni 1994. Forum Psychoanal 10: 363 - 370

Limentani A (1986) Variations of some Freudian Themes. Int J Psychoanal 67: 235 - 243

Lindner WV (1975) Der mittlere und der autonome Mensch. Bemerkungen zum anthropologischen Bezugssystem in der analytischen Psychotherapie von Harald Schultz-Hencke. Z Psychosom Med 21: 256 - 269

Lockot R (1985) Erinnern und Durcharbeiten. Fischer, Frankfurt a.M.

Lockot R (1994) Die Reinigung der Psychoanalyse. Die Deutsche Psychoanalytische Gesellschaft im Spiegel von Dokumenten und Zeitzeugen (1933 - 1951). Edition diskord, Tübingen

Meerwein F (1988) Zehn Jahre Dissidenz. Bull Schw Ges Psychoanalyse 25: 2 - 8

Mitscherlich A, Mitscherlich M (1967) Die Unfähigkeit zu trauern. Piper, München

Moses R (1991) Ein israelischer Psychoanalytiker spricht zur DPG. Forum Psychoanal 7: 62 - 68

Moses R, Cohen Y (1991) Die Einwirkung des Nazi-Holocaust auf nicht-direkt Betroffene. Frommann Holzboog, Stuttgart

Müller-Braunschweig C (1933): Psychoanalyse und Weltanschauung. Reichswart, 22.10.1933

Nitzschke B (1990): Psychoanalyse als "un"-politische Wissenschaft. Texte 10: 1-39

Nunberg H, Federn E (Hg) (1976/77) Protokolle der Wiener Psychoanalytischen Vereinigung. Fischer, Frankfurt aM

Parin P (1983) Der Widerspruch im Subjekt. Frankfurt a.M.: Syndikat

Plänkers T, Laier M, Otto HH, Rothe HJ, Siefert H (Hg) Psychoanalyse in Frankfurt am Main. Edition diskord, Tübingen

Riemann F (1975) Die schizoide Gesellschaft. Kaiser, München

Rothe HJ (1991) Einleitung zu: Karl Landauer: Theorie der Affekte. Fischer, Frankfurt a.M.; Lockot R (1985) Erinnern und Durcharbeiten. Fischer, Frankfurt a.M.

Sachs H (1930) Die Lehranalyse. In: Deutsche Psychoanalytische Gesellschaft (Hg) Zehn Jahre Berliner Psychoanalytisches Institut (Poliklinik und Lehranstalt). Internat Psychoanal Verlag, Wien

Schmidt G (1995) "Ein Jahrhundert psychoanalytische Bewegung in Deutschland". Bericht über die Konferenz der DPG-Arbeitsgemeinschaft "Psychoanalyse und Kultur" am 14.1.1995 in Mannheim. Forum Psychoanal 11: 95 - 96

Schmidt G, Kreuzer-Haustein U (1996) Bemerkungen zu Dührssen, Ein Jahrhundert Psychoanalyse in Deutschland (Arbeitstitel). Psyche 50 (im Druck)

Schulte-Lippern S (1990) Harald Schultz-Hencke - Psychoanalytiker in Deutschland. Forum Psychoanal 6: 52-69

Schultz-Hencke H (1934) Die Tüchtigkeit als psychotherapeutisches Ziel. Zentralbl. Psychother. 7: 84-97

Schultz-Hencke H (1947) Der gehemmte Mensch, 2. Aufl. Thieme, Stuttgart New York

Schultz-Venrath U (1995) Der Mißbrauch von Geschichte als transgenerationales Traumatisierungsphänomen. Psyche 49: 392 - 403

Simmel E (1930) Zur Geschichte und sozialen Bedeutung des Berliner Psychoanalytischen Instituts. In: Deutsche Psychoanalytische Gesellschaft (Hg) Zehn Jahre Berliner Psychoanalytisches Institut (Poliklinik und Lehranstalt). Internat Psychoanal Verlag, Wien

Steiner R (1985) Some thoughts on tradition and change arising from an examination of the British Psychoanalytic Society's Controversial Discussion. Int Rev Psycho-Anal 12: 27 - 71

Stone L (1961) Die psychoanalytische Situation. Fischer, Frankfurt a.M. 1973

Studt Chr (1986) Psychoanalyse - Neopsychoanalyse. Eine vergleichende Betrachtung der Theorien und ihr Einfluß auf den Erkenntnisprozeß. Forum Psychoanal 2: 215 - 227

Thomä H (1963) Die Neopsychoanalyse Schultz-Henckes. Psyche 17: 44-128

Wallerstein S (1989) Eine Psychoanalyse - oder viele? Z psychoanal Th Prax 4: 126 - 153

Weber JJ, Bacherach HM, Solomon M (1985) Factors associated with the outcome of psychoanalysis: Report of the Columbia Psychoanalytic Center Research Project (II-III) Int Rev Psychoanal 12: 127 - 141; 251 - 262

Wellendorf F (1995) Lernen durch Erfahrung und die Erfahrung des Lernens. Überlegungen zur psychoanalytischen Ausbildung. Forum Psychoanal 11: 250 - 265

Winnicott DW (1963) Die Entwicklung der Fähigkeit der Besorgnis. Dt in: Winnicott DW: Reifungsprozesse und fördernde Umwelt. Kindler, München 1974

Wittenberger G (1987) Freuds Beitrag zur Institutionalisierung der psychoanalytischen Ausbildung. In: Haesler L, Maass

G (Hg) Psychoanalytischer Prozeß und Institution. Hofheim, Wiesbaden, S. 135 - 144

Zander E, Zander W (1977) Die Neopsychoanalyse von Harald Schultz-Hencke. In: Eicke D (Hg) Die Psychologie des 20. Jahrhunderts, Bd 3. Kindler, Zürich

Personenregister

Dieses Register enthält Hinweise auf Passagen, in denen Personen als Akteure der Geschichte genannt werden. Namensnennungen im Sinne von Literaturhinweisen wurden nicht aufgenommen.

Abraham 44, 140
Balint 40, 105, 120, 122
Bach 41
Beese 41 f., 63, 69
Beland 32 f.
Bernfeld 122
Boehm 17 f., 27, 57, 62, 142
Bonaparte 27, 146
Cremerius 105, 122
Dohnanyi 69
Dührssen 40, 84 f., 93f., 147 f.
Eitingon 17, 57, 79, 141 f.
Fenichel 17, 143
Ferenczi 44, 59, 100, 102, 131
Freud S. 17 f., 79, 52 ff., 86 f., 100 ff., 122 ff., 140
Freud Anna 55, 122, 127
Fromm 99, 142
Fromm-Reichmann 99, 142
Göring 11 ff., 63, 142
Greenson 43
Hattingberg 12, 14
Hau 42
Heigl 40
Horkheimer 99
Jacobson 19, 58, 143
Jones 18 f., 58, 79, 143
Jung 101 f., 140

Kamm 55, 90
Kemper 44
Kernberg 40
Kohut 40
Kretschmer 11 f., 141
Künkel 44
Landauer 99, 142
Meng 99
Mitscherlich 99, 145
Moses 70 ff.
Müller-Braunschweig 17 ff., 25 ff., 57, 142 ff.
Rank 44, 102
Reich 18, 20 f., 62, 143
Riemann 35, 40, 135
Rittmeister 55
Sachs 107
Schultz-Hencke 11 ff., 18, 26 ff., 34 ff., 44, 49, 62 ff., 78, 93, 141
Schwidder 35, 40, 44, 49, 147
Simmel 17, 18, 44, 106 ff., 143
Sterba 55
Studt 42
Thomä 36, 54, 147
Weizsäcker, R. v. 69
Weizsäcker V. v. 146
Winnicott 40